AF359484

LES AVANTVRES DV BARON DE FÆNESTE.

TROISIESME PARTIE.

A MAILLE',

Par I. M. Imprimeur ordinaire de l'Autheur.

M. DC. XIX.

LES AVANTVRES DV BARON DE FÆNESTE.

TROISIESME PARTIE.

E N A Y. Que cerches-tu, mon fils ? CH. Quelque espoussettes, vn miroir, vne chaufferette, vn manche de cuillere, du bran de froment. E. Mon ami, tu trou-ueras tout ceans; mais à quoy bon cela? Ch. c'est à troufser la mouftache, à nettoyer le cuir ; noftre homme eft propre comme vn chandelier de bois aux chofes qui pareffent, pour le refte ie lui ai veu mettre tout fon argent en vne fraife à grand dan-telle blanchie en Flandre, que fa chemife eftant pourrie fur lui il n'en avoit plus du tout: quelques-fois en paffant païs il empoigne la chemife à l'efpa-roi, & fi la vieille le void, c'eft en riant, cependant il eft demie heure à fe frotter les dents. Vn matin à Paris efta nt au lever de Madamoifelle Caboche, en foüillant toutes fes hardes de nuiẟt, il arriua à vne boëte d'yuoire, lui demandant ce qu'il y auoit de-dans, & elle ne voulant pas dire que c'eftoit de la fient e d'enfant, qu'elle auoit toufjours pour reme-de à la matrice, aima mieux feindre que ce fuft pour blanchir les dents: auffi toft noftre Baron l'empor-te dans le degré pour s'en frotter à fon aife, & elle lui ferma la porte de peur qu'il ne la battift. E. Vrai-ment mon ami vous auez vn honnefte maiftre. Ch. Il feroit bon auec lui fi l'argent ne manquoit point,

mais à tous coups faute d'or nous ne pouuons auoir
de monnoie. E. si a-il assez bon equipage, trois val-
lets de piéd bien couuerts. Ch. Quand nous sommes à Paris chacun pour soi & Dieu pour tout,
nous promenons aux soirs auec les compagnons de
la Matte, tout le iour nous ioüons au brelant ou
deuant le Louure auec les petits dez chargez, &
tous les auantages de cartes dont le Baron s'est van-
té à vous, & à quoi il ne sait rien du tout, & puis
nous lui donnons son droit d'Amirauté. Quand
nous sommes par païs, si c'est à la guerre nous plû-
mons la pouie sans crier, nous brûlons le vilage,
c'est à dire que nous faisons semblant d'estre four-
riers : nous nous mettons de deux ou trois logis
tous en vn pour auoir argent des autres : nous auõs
tousiours quelques hardes perdues que nous leur
faisons paier : nous demandons du laict de truie à
l'hostesse:l'vn fait le mauuais,l'autre le Iudas,& tout
vient en partage auèc les compagnons. Quand c'est
en temps de paix, si nous nous mettons à l'hostelle-
rie (ce qui n'arriue gueres souuent) nous empor-
tons tousiours quelque seruiettes, & s'ils n'y prennent garde le linseul : mais le plus souuent nous lo-
geons par honnesteté en quelque maistairie, &
puis aux noblesses par fois,& si nous auons affaire à
gens qui n'aient pas le courage de foüiller l'equipage, nous faisons sauter ce que nous pouuons:
mais en vn lieu comme ceans nous n'auons garde
de ioüer à ce ieu-là, car c'est moi qui leur ai appris
qui vous estiez. E. Vraiment mon ami ie te remer-
cie,& comment me connoissois-tu? Ch. I'ai porté
la pique à quatre cornes dans la compagnie du Capitaine Bourdeaux vostre sergent major,ie me sou-

uiens bien quand vous pendiftes de vos mains Pa-
tauaft & les quatre compagnons auprés de Barbe-
zieux, parce qu'ils vouloient que l'hofteffe leur
greffaft l'engein de beurre : mais vous leur fiftes
coupper la corde pourtant par le capitaine Fonfal-
mois, que nous cachafmes plus de dix iours dans le
bagage & au logis, pource que vous faifiez femblant de le vouloir tuer. E. Vraiment mon camarade tu me donne des enfeignes de connoiffance,
touche moi à la main. Ch. Et fi ai-ie efté nourri
chez voftre proche voifine, & c'eft là où i'ai appris
vne partie de noftre façon de viure : car en Limou-
fin où elle a du bien, la pauure Nobleffe ne s'en cache point, & appelle cela apprendre à gaigner : ie
fai galand qui a vendu quatre fois vn afne, en luy
couppant les aureilles à deux fois, la quenë à l'autre,
& puis lui fandant les nazeaux : ie vous en dirois
bien d'autres, mais il faut que vous fachez ce qui
nous arriua à Maffigni : ma maiftreffe auoit vn co-
che de cliffe, qui n'eftoit gueres fufpendu que de
cordes, nous auions de couftume d'arriuer fur le
foir à quelque groffe meftairie comme celle-là, on
defnoüoit on couppoit des cordes, voila tout ren-
uerfé, c'eftoit à demander vn marefchal & vn char-
ron pour racouftrer, vne hoftellerie, que nous fa-
uions bié & voulions bien n'y eftre point : à faute de
cela il falloit loger aux excufes & grands regrets de
l'incommodité de Madame & de fon hofte : le l'endemain au partir on commandoit à la Damoifelle
de donner quelque efcu, elle en monftroit vn, en
difant tout haut que le bon homme n'eftoit point fi
mal appris. Or il aduint qu'à iour couchant, aiant
fait ioüer le trebuchet entre les deux meftairies de

Maffigni, où il ne paroiffoit perfonne dehors à caufe de la pluie, nous les trouuafmes toutes deux plai-
nes de la compagnie de Charle-Anthoine, & c’e-
ftoit lors qu’il venoit de faire vn bon tour de fon
meftier à S. Cire : car aiant fait furprendre vn des
compagnons en larcin il le fallut aller prendre à vn
demi quart de lieuë du bourg , où tout le peuple
courut pour voir le paffe temps : eftant bien confef-
fé & admonnefté , aiant baifé fa femme & fes enfans, il s’auifa d’en appeller à la petite Egypte, à quoi
il fallut deferer, & cependant le petit mefnage auoit
fait vn grand mefnage dans la bourgade, & furtous
vifité le Curé admonnefteur du pafcient. E. Ie connois bien les compagnons, ils firent des leur à Maillezais le iour Sainct Rigoumé : le capitaine couppa
la bource du Prieur en fe confeffant à luy pour
commencer la bonne iournee : ils defroberent quarante cauales aux pelerins, leur remonftrant fur le
foir qu’vn tel voiage fe deuoit faire à pied, eftant le
bon Sainct neueu de Saincte Catherine à la mode
de Bretagne, & mefme leur remonftrant l’accident
arriué au medecin Baumier à vne proceffion de S.
Mexant pour y auoir cheminé fur fon mulet : vn
Theologal qui eftoit là aiant furieufement prefché
contre les difeurs de bonne auanture, fut tellement
mefnagé par vne vieille Boefmienne qui lui fit croire qu’il eftoit enforcelé, qu’il s’alla cacher auec elle
en fon logis : elle fit apporter de l’eau claire, & pre-
fenta vne bague au Docteur, qui l’aiant mife de fa
main dans le verre, & l’eau eftant troublee, & depuis par l’epreuue d’vne poule & d’vn mouton qui
mouroient fur l’eftomach du pacient, & qu’il falloit ietter par deffus les murailles où le petit mefna-

ge attendoit, il fallut venir à vne offerte de treze
doubles ducats, dont la vieille en donnoit vn : Le
lendemain le Docteur fe trouuant trompé monte à
cheual, ce qu'il n'auoit fait il y auoit long temps,
court aprés les Sarrafins, les menace, Anthoine-
Charles lui difoit, hé que vous eftes bien-hurux,
mon bon Signur, d'eftre fi bien gueri, voiez mef-
fiurs comme il fe tremouffe, hé la belle cure que
voila, la bonne femme auoit eftudié fix ans à Mont-
pellier : fi bien que le monfieur ne fut rembourcé
d'autre monnoie. Mais ie vous amufe & voftre train
n'eft pas logé, car vous eftes demeuré entre les deux
meftairies : que fiftes-vous ? paffaftes-vous outre?
Ch. Meffire Iulien Curé de Boulié nous bailla courage, fi bien que n'aians peu obtenir qu'ils nous
quittaffent vne des meftairies, nous nous meflafmes
dans toute les deux : le capitaine aiant fait deffence
que nul du mefnage ne touchaft aux hardes de la
bonne Dame, femme du noble Cheualier, duquel il
monftra des paffe-ports en fon liure. Au matin
nous partifmes les premiers, fi bien que nous fuf-
mes à S. Remi deux heures aprés Soleil leué : le cimetiere du lieu fut trouué propre pour faire reueuë
& la marmaille le demanda, pource que Madamoifelle de la Veffiere, la mefme qui auoit fait femblant
de paier à Maffigni, auoit au dernier butin caché
vne cuilliere que elle penfoit d'argent, mais elle fut
trouuee dans la retraitte de fon bufc: là fur vne belle touffe de fauge Meffire Iulien eftendit fa robe, là
deffus chacun aiant defploié fon induftrie, nous
trouuafmes auoir gaigné, quatre chandelles de
roux, vn cizeau, vn roffignol à crocheter, vn grignon, vn fromage, le refte d'vn autre, vn canapfa, vn

petit pot caſſé plein de beurre fort , vne bague d'argent de Limoge auec vne crapaudine , vne liure &
demie de lard fort rance , vn peigne de cheual auec
vn morceau de ſon eſponge, deux tricouſes de toile
noire , dont l'vne auoit le pied bruſlé, & cela faillit
à nous deſcouurir , car ces vilaines ſentoient la me-
che, trois morceaux de vieux rideaux de ſerge de S.
Mexant iaune & rouge frangez en quelque endroit, vn craion d'huile de noix, demieveſſie d'ouin,
vne fauſſe barbe , deux pieces de dix ſols qui n'e-
ſtoient marquees que d'vn coſté, & le page de Madame qui n'auoit qu'vn ſabot & vn ſoulier faute
d'aller dans les villes, gagna des ladrines, où il pouuoit entrer le corps & tout, cela lui demeura par fa-
ueur. La beſongne alloit aſſez bien , mais en recon-
noiſſant le butin nous viſmes ce qu'il y auoit de
perte: les Boeſmes auoient donc gagné ſur nous, vn
chauſſepied, la moitié d'vn maſque , deux pelotons
de fil blanc, & vn de fil d'Enfer, vn vieux tafetas fort
percé, quaſi trois quartrons d'eſpingles , deux cuil-
lieres iaunes & vne d'arquemie, deux ſeruiettes qui
n'auoient eſté gagnees qu'à la Chaume, vn tiers de
linſeul, vn chauſſon plein de noix, de vieilles heures
à l'vſage de Chartres , vn eſtui de lunettes, trois
gands, vn portefraiſe partie de fer blanc partie d'oi-
ſi, vn tire-fond, vne oüillette, vn virebrequin , & vn
beneſtier à breliere que le Curé leur penſoit ven-
dre; & (qui fut plus regretté que tout) la bouteille
de cuir de madame bien auinee. E. Mais que i'aie vn
peu acheué de rire je vous monſtrerai que le lieu de
voſtre reueuë nous fera encores vn preſent. Mathu-
rin Biraut de la Bithe auoit employé tout ſon bié en
procez, ſuiuant les vaillants conſeils de l'Aduocat
Cheſne

Chefne-verd de Nyort: Biraud eftant contraint de quitter le pays pour fes debtes, c'eft à dire d'aller demeurer en gaftine, arriua vn famedy au foir chez l'Aduocat tout pleureux, & apres auoir ietté fon chappeau par terre il s'affit fur vne felle de buee pour faire cette harangue en Poicteuin, O l'é, mon moéftre, que paffé inet voû ne me veiré jemeoc, y sé vengu ve dire à Dé & à ma moéftreffe que vequi, ô me fat graonzire de vrede forz le pouiz pre tréz chetiz fô témeinz : Et comme Chefne-verd & fa femme l'interrompoient, ilpourfuit. Agaré mon moeftre, y n'auez pû qu'ine ouche de quatorze boicelee, fremee de muraille de fept pé, ô fô dire qu'o l'ét ine Baronnie d'iquelle terre, à n'a chommé de viuant d'homme, lez vezins y font treignans & tenuz d'où fumi, agaré m'nami, y penfez gardé y quieu, & que pre le moens d'iquelle pece y n'arez pû fote de pouen, méz quand ma moenagere a efté ogüe morte de maléze, ma fé y ouez tout vendu, & lez befochous en papé font iqui à l'eftrille qui m'attendant pr'ou acheui. Chefne-verd prend Matelin par le bras, lui difant, Hé ! tu m'as vendu le refte de ton bien, que ie t'ai fi bien paié, pourquoi t'es tu addreffé à d'autres? Matelin refpond, Ma fé mon moeftre, ve me diciré jeudi quan y vou demaondi quatre fran à emprunti que ve n'auiez paz in dené. L'Aduocat, aprés quelques excufes, s'enquiert fi le marché eftoit fait de tout poinct, trouue que non, s'enquiert du prix & des differents, mefnage fi bien fon client qu'ils concluent à quatre cent liures contant, & cent que fur fa foi il lui deuoit enuoier à Breffuire : mais de peur que Matelin ne fuft battu par ceux qui l'attendoiét il fallut faire diligemment, payer & chaffer le compagnon, qui monftroit auoir grand peur: encores voulut-il toucher à la main, en iurant à fon patron que iamais il n'auoit fait vn tel marché, & qu'il fe fouuiendroit de lui.   Le l'endemain l'Aduocat & fa femme, fans perdre temps, vont à S. Remi, defcendent deuant l'Eglife, & puis fe tenans par deffous les bras vont à la porte du cimetiere où eftoit la foule des habitans; là ils fe vont enquerir de leur acqueft, lifent dans le contract les tenans & aboutiffans de leur ouche, mettent en grand' peine la compagnie pour deuiner cet heritage: Aprés demie heure de difpute vn vieillard, le pouce fur la ceinture, va s'efcrier, Y faiz ben oure ô l'ét auoure, Monfieur le Bailli, pre la vretudé Matelin a efté le moeftre y quiai quot, ô l'é be vraiz qugl à part en la pece, mai ô n'é grin tou fon: Comment, dit l'Aduocat, feroit-il bien faux vendeur? ma fé, dit le bon-homme ô l'é le cemetere qugl vous a vendu, ce qui fut trouué fort vray, & vray le prouerbe qui dit, que le diable fait des nopces quand on trompe vn Aduocat. Ch. Et où pût aller viure ce pauure diable. E. Il s'en alla iardinier à la Roche-boiceau, où les fergens ne font point d'ordure. Ch. Comment? E. Là dedans y a bien pis qu'aux nopces de Baché, ie vous en pourrois faire force contes, comme quand il frota vn fergent de glu, le mit dans de la plume, & puis les bras eftendus liez à vn bafton, auec vne mitre & vn efcriteau portant l'*Antechrift*, au poinct du iour le fit lier fur fon cheual, & en cet equipage l'arouta dans le grand chemin: il fit fi grand peur à ceux qui le rencontroient, qu'il fut fans fecours iufques à la nuict, que fon cheual s'eftant mis dans la hale de Maule-

urier, paſſa par les boucheries, & le laiſſa pendu au
crochet des veaux.　Ie vous dirois bien encores de
tels tours, comme d'vn autre ſergent qu'il appriuoi-
ſa par bonne chere, & puis ils ioüerent au ſoir à vne
perdrix, deux perdrix & la caille : vn gentilhomme
aiant fait le mutin fut lié auec vne ſeruiette la iambe
à la quenouille du lict, & fut dit que tous les autres
ioüeroient ainſi, comme fit la Roche-boiceau lui
meſme, mais le ſergent y eſtant eut le talon diſloqué
d'auec le reſte du pied, dont il fut boiteux toute ſa
vie, & pour cela appellé au pays le ſergent la Caille,
Ie ne vous dirai point les conniuerts c à les exploits
& les cedules ſe perdoient, ie me contenterai d'vne
rude malice, & qui a pourtant quelque portion.
Vn ſergent de Doüai voulant prendre vn adiourne-
ment à lui porter, ſes parens & voiſins lui raconte-
rent comment depuis peu de iours il auoit fait faire
tout le poil d'vn ſergent auec des fuſees, mais cetui-
ci ſe mocqua d'eux, diſant, Par la mort s'il me grati-
gne ie mordrai.　Roche-boiceau aiant ſeu ces propos void de là à deux iours arriuer ſon homme, le
reçoit auec toutes honneſtetez, le fait diſner, bien
boire & chanter le beau pinceau : le tapis mis il ſe
fait donner des cizeaux, commence à s'en faire les
ongles, mais ne s'y prenant pas bien il prie le ſergent d'acheuer la beſongne, & le met à meſme de ſi
bonne grace qu'il ne l'en put refuſer : cela fait Roche-boiceau lui monſtre ſes doigts, en diſant, Monſieur le Roy, il n'y a plus moyen que ie vous puiſſe
grafigner vous voila en ſeureté, il faut que i'y ſois
auſſi; ce fut à dire qu'il lui arracha les dents, à fin que
lui ne pouuant grafigner ne puſt auſſi eſtre mordu.
Ch. Ventre de loup ie trouue qu'il y auoit de la

raiſon par tout, mon maiſtre ne fut pas ſi heureux
à Paris, que deux ſergens emmenerent, lui donnant
du pommeau de la dague dans le croupion pour le
faire aller : il fait touſiours le braue au commencement & puis ſe couefe de ſa chemiſe : l'autre iour à
Villebois il fut battu par vn ſoldat pource qu'il l'appelloit compagnon trop deſdaigneuſement: quand
il trouue des gens qui l'eſcoutent à geule bee, vous
ne ſauriez croire ce qu'il dit. Il contoit ces iours deuant des dames comment il auoit eſté priſonnier
des Turcs cent lieuës par delà Alep, qu'ils l'auoient
pour priſon enfoncé dans vne pippe, & laiſſé en cet
eſtat ſur le bord d'vn grand rocher, & que là il vint
vn loup qui ſe mit à piſſer à l'endroit de la bonde,
par laquelle auec ce grand ongle qu'il porte il auoit
tiré le poil de la queuë & fait vn nœud de ſa grand'
mouſtache gauche, & voyez à quoi ſeruent les
grands ongles & les mouſtaches qu'on porte auiourd'hui : le loup ſe ſentant pris, pour ſe vouloir
ſauuer entraine la pippe du haut en bas du rocher,
la pippe ſe mit en canelle, & lui eut la vie ſauue,
pource qu'il tomba ſur le loup & le tua : Il maintenoit que les huitres, deſquelles on reiettoit la co-
quille en la mer, ſe refaiſoient comme auparauant,
pour preuue dequoi il diſoit qu'en Alexandrie,
aiant mis ſon chiffre, qui eſt vn double ſi, ſur vne co-
quille, il la trouue en Broüage trois ans aprés : Il diſoit qu'eſtant tombé à vn certain combat dans l'e-
ſtang de Congnac vn brochet auoit aualé ſon piſtolet tout bandé, & depuis le brochet pris à Che-
rac ſur Charente auec le piſtolet dans le ventre, il
gagea cent piſtoles qu'il tireroit, & n'y manqua pas.
Il a ces gageures de cent piſtoles fort à commande-

ment: la derniere fois que nous auons esté à Escure
il se mit en dispute auec vn pauure forçat qui luy
demandoit vn hardit, pour sauoir qui estoit le Lieu-
tenant de Beauregard. Ie te gage, dit mon maistre,
cent pistoles que tu as menti; le pauure diable s'en
alla sans vn liard & auec le desmenti. Mais Monsieur, ie ne puis oublier le conte que vous auez failli
à faire du Medecin qui vouloit parestre si bon Ca-
tholique. E. Ie vous entend, c'est le medecin Baumier de Nyort, il estoit si zelé que vn autre bigot le
priant d'assister sa mere fort huguenotte & malade
à la mort, lui disant que c'estoit chose horrible de
refuser secours au ventre qui l'auoit porté, Baumier
respondit qu'il l'iroit voir comme sa mere , mais
qu'il offenseroit sa conscience de guerir vn heretique. Vn iour il estoit à S. Mexant, & comme il vouloit parestre restaurateur de l'antiquité, il lui sou-
uint qu'on auoit autresfois fait vne procession sol-
lennelle à trois lieuës de la ville à vn 'S. Siluin des
bois, où les mazures ne paressoient plus , il auisa
auec le Curé, que le vent aprés auoir esté lóg temps
au Nord tournoit au Su, & faisoit vn chaud picquát
& estouffé, marque de pluie au l'endemain, & pourtant estoit bien à propos de faire vne braue procession à la barbe des heretiques pour demander de
l'eau : c'estoit en Iuillet, & la chaleur fut si grande
qu'il en esuanouit, & d'autres eurent le mal de cou-
sté, mais pauures gens & qui ne pouuoient faire
gagner le medecin, pource que les plus apparens
s'estoient retirez, d'ailleurs la populace commença
à gronder de ce que Baumier estoit monté sur sa
mule sans haut de chausses , couuert d'vne grande
sotane de demie ostade ou serge d'Arras, les païsans

donc deuiſoient ainſi, M'arme ô l'é qu'o n'iade pu
deuotion de peû qu'on vet à cheuô:ô l'ét ine mule,
dit l'autre,vant-eilz pâs ben ô Zardilere, & lez Cu-
rez léz beaz premez?vn tiers adiouſte, O l'é pretaon
in houme mou fantaziou, gle baillit à ſa famme in
cotillon pre qugle ne couchiſt poenṭ ô le, & in otṛe
ine robe pre qu'a ne couchiſt pâs ſoule: ô gliat in aṇ
à quiette Chandelour qugl m'auet priz pre le mené
à Partenai, i pranguit le ſemblé pre l'amour dô
bouil,cordi gleſe faſchit à mé , & qu'i le menguiſſe
pre le graon chemin , le chemin de l'Egleſe Catho-
lique & dô Pere,ma fé, ſi zi, ô n'é pas le pû cheuo-
chant ni le pû court, vequi m'nhoume qui s'en veṭ
pre le beâ mitan,m'arme garz gle n'aguiraṇ paz faṭ
ine vreſenne ſa mule & li qugle treuiriran dans ine
tertre où ô ne pareſſet que lez oreilles de la mule &
le chappeau dô moedecin , ô foguit auer dô geonz
pre lez accroché d'iqui:diátre ſi zi apréz, é to quieu
le chemin de l'Egleſe? i ou auez ben oi dire à Guil-
lemard de Chandenez, que le chemin charria me-
net tout dret en perditian. Durant ces diſcourṣ
auint que le porteur de clochettes cria le coſté & la
proceſſion demeuroit,adonc Baumier, pour con-
tenter l'infanterie, qu'il voioit mutinee, demande
les clochettes,prit au commencement la bride auec
les dents , puis trouuant cela ennuieux la miṭ dans
ſon col:la muſique ne fut pas longue,pource que la
mule,nee & natiue de Chorais,*nota*,où ils ſont tous
heretiques,& elle n'aimant pas le ſon des cloches ſe
mit par haut à temps & contre-temps : on crioit au
medecin de tous coſtés qu'il iettaſt les eſchilles,*Ma-*
ter Dei,ie n'en ferai rien, car elles ſont baptiſees:tout
le monde coûrt pour empoigner la bride, &le bruit

eſchauffa ſi bien la mule, qu'elle paſſa ſur le ventre à
la proceſſion , & comme ſi elle euſt eu vn taon au
cul, s'enfuit dans les bois : le caualeris voulut empoigner vne des rennes , le malheur fut qu'il donna
d'vne des eſchilles ſur l'œil de la beſte, & en gardant
la ciſtole & diaſtole, il ſe dóna de l'autre par le front,
de ce coup la mule fit deux cents pas touſiours le
cul en haut, & au bout de cela le medecin mit le nez
à terre le pied paſſé dans vn eſtrier , & ſi fit encores
quelque chemin trainé à l'eſcorche-cul, la ſotane &
la chemiſe au tour de ſa teſte : ie ne ſai s'il appella S.
Siluain à ſon aide, mais bien lui prit que l'eſtriuiere
eſtoit petacee d'eſguillettes, dont l'eſtrier lui demeura dans le pied. Le Curé & les plus charitables
de la proceſſion ſe mirent à les chercher iuſques à
deux heures de nuit , & en fin la lune eſtant leuee
lui virent le cul le premier, & le trouuerent auprés de Pillars la teſte en bas en vn foſſé en profon-
de meditation, & oncques plus ne fit ſon prou: quád
à la mule (comme les lieux ſont fataux) elle s'alla
rendre à la croix oſaniere du cimetiere S. Mexant,
au meſme lieu où fut amaſſé frere Iean Tappe-couë
vn grand Iubilé auparauant, comme eſcrit Maiſtre
François autheur excellent. Ch. Monſieur, ie vous
laiſſe icy, voicy venir noſtre homme, qui ne s'eſt
point peigné. F. Bonyor, Mònſur, bonyor. E. Et
à vous Monſieur, & bien vous auez eſté mal couché. F. Poubez penſer, & toutesfois vien bous
bux-ye dire qu'à ces faſchuſes guerres icy nous
abons ſi vien accouſtumé les armes à dos, que ne
poubant dourmir autrement, il m'a fallu reprendre
la cuirace pour le mens, que ye ſois pribé de la
Cour s'il n'eſt bray : mais ye penſe qu'il eſt vien hau-

te hure. E. Voila vn quadran. F. Braiement ye n'y
cognois pas de rien, nous autres gens de guerre ne
sommes pas boulontiers Astrologues, & ce quadran à trop de feiçons, il m'en soubient d'vn autre
qu'vn yot come nous estions à Biron vn bieil gentilhomme Poictebin qu'on appelloit les Ousches,
nous monstroit à quinze ou seize gentil-homes
pour saboir l'hure à la chandelle. E. Et comment ce
pouuoit cela? F. Pensez le bous: mais il me soubient
que Monsur lou Maneschal en rioit fort, & n'y
aboit que lui qui n'en fust vien esmerbeillé. E. Et
vous qu'en pensez-vous? F. Ne bous ai-ye pas dit
que ye ne suis poent de ces cherchurs d'Antipodes,
aussi ne croi-ye pas qu'il en soit. E. Vous voila compagnon de S. Augustin. F. Et n'en croioit-il point?
E. Non, & declaroit heretiques ceux qui en croi-
oient : mais n'auez-vous iamais veu coucher le Soleil, & quel chemin il pouuoit prendre pour venir
à son leuer? F. Oi da, y'ai passé vingt mille nuicts à
chebal, mais comment passeroit-il sous la terre? E.
Il faut qu'il repasse de l'autre costé pour recommen-
cer les vingt mille iournees que vous auez enten-
duës à leuer, & cela sont prés de 60. ans. F. Et il rebient par le mesme chemin qu'il estoit allé. E. Et ne
le verroit-on pas retourner. F. Non braiment, car il
s'en rebient de nuict. E. vous l'auez mis en grand'
peine de se cacher vingt mille nuicts : & pourtant,
vous qui ne voulez point vser du quadran vous
auez vne monstre à la ceinture. F. Pour n'en mentir
poent, ce n'est qu'vne vouette, qui me sert de dra-
geoir, & cela parest tout autant que si toute la monstre y estet. E. Ie voi bien, pour vrai c'est vne monstre. F. Il faut que ye bous conte vn songe que y'ai

fait

fait cette nuict , & sur le matin à l'hure qu'ils
prouphetiques , ye me figurois que y'estois le R
François , & qu'vn de mes Princes bouloit et
mon Connestavle sans mon conget. E. vous n'aue
point les pensees de nuict basses non plus que les
discours du iour , ie voudrois estre assez bõ Ioseph
pour vous l'expliquer. F. Ie bous assure que y'ai
debiné de grandes affaires d'Estat quelquesfois, sur
tout la prilon du Prince de Condé : car y'abois son-
gé que nous estions à la chasse du Duc , & que nostre pippee s'estoit lui-mesme envrené dans les
gluaux. Ch. Vérre de loup voila de sottes nouuelles,
vostre belEstrade de qui vous faisiez plus de cas que
de nous,s'en est allé auant iour & a emporté vostre
espee. F. Mon duel,la massacroire! ô cap sant cra-
pasi,l'espase dont ye me suis battu trentecinq fois,
la bictoriuse qui n'a yamais manqué,la Mappemonde , cerchez vne Mappemonde. E. Il y en a vne
des nouuelles en la galerie. F. Cap de you cerchez
dedans , bous ne trouberez place en la terre où
le bilen se puisse cacher , à moi desrover , à moi : ô
vien patience. E. Ie suis bien aise de vous voir re-
sous ainsi,& voila vostre songe arriué , car celui qui
porte l'espee du Roi est son Connestable , & c'est
Estrade qui s'est fait Connestable du Roi François
maugré lui. F. Il y a parmi cela quauque bintai-
nes de pistoles,dequoi ye ne suis pas trop marri, par
ce que cela fera parestre à ceux qu'il serbira , qu'il
ne sort pas du serbice d'vn quauquin. I'abois abant
lui vn autre pendart qui s'appelloit Barbacane, ce
maraut ye lui faisois pourter aprés moi trois vagues
de ces ruvis valets que y'abois eu d'vn du Mont,
pour faire presen à ma maistresse : come y'estois

ſſis au bet prés d'elle, ye tendois le doigt par derriere pour qu'il mit dedans les aneaux, & cela pa-
roiſſoit dabantage que ſi ye les euſſe pourtez moi-
meſme, ye troubai que mon bilen aboit eſcarpinai,
ye courus yuſques à la ruë ſeulement, mais quant
& quand me boila reſolut. E. Ha que i'aime ces
reſolutions, elles ſentent bien le caualier. F. Monſur en començant lou desyunai ye bous en bux dire trois ou quatre qui leuent la paille, pour monſtrer qu'vn galant home doit prendre parti, & eſtre
ferme en ſes reſolutions : Mentenant que nous
ſommes aſſis ye bous dirai qu'à la guerre d'Aunix
come nous eſtions lougez dans Mauzai, Monſur ſe
permenant lou ſoir nous boions benir vne vrigade
de gens vien coubers, ye m'abance lou piſtolet à la
men & aiant dit furiuſement qui ba là ? demourez
là, cap de you lou bet premé qu'auancera : çus-ci ne
ſe boulans pas arreſter & ſe mettans à rire, bous
riez, di-ye, oi da, firent-ils, ye prens ma reſolution
& dis, & moi auſſi vien que bous. E. Voila d'excel-
lentes reſolutions. F. Nous eſtions à la Comedie
aux poids pilez, vn Pariſien beſtu de biolet ſe leboit
à tous coups & m'empeſchoit la buë des youurs, ye
lui crie rudement, Hola biolet, biras-bous d'a-
quiou : ce fat tournant la teſte me reſpond, Ie n'en
ferai rien : & moi reſolut quant & quand ye redou-
ule, Demouras y donc, & par ce moyen il ne fit
rien ſans mon commandement. E. Que c'eſt de ſauoir prendre ſon auantage. F. Au faubourg S. Ger-
men, en la ruë du cœur bolant, come y'alois vn ſoir
boir ma maiſtreſſe, ye fis rencontre d'vn taquain
qui benoit la teſte veſſee, ſans reſpect il iette la male
men à mon mentou & de l'autre me porte vne eſpee

courte à la gourge, si vien que n'eſtant pas ſur r
armes il falut lui avandonner lou mantou, encor
fut-il ſi impudent de s'arreſter à dix pas de moi pou
me regarder, lors ſans m'eſtonner ye lui criai, Cabalier il y ba de boſte haunur, car bous ſerez mon
pourte manteau, & ainſi ſoulagé des eſpaules, ie ne
laiſſe point d'aller boir ma maiſtreſſe tout en per-
punt, come abec plus de pribauté. E. c'eſt entendre
le numero ou ie ne m'y connois pas: il faut pourtant
vn grand r'enuitaillement de pacience ou de philo-
ſophie pour prendre ces reſolutions, mais que vou-
lez-vous, quand la choſe eſt faite il ſe faut reſoudre
à ne faire pas pis ; Et de cette ſorte de reſolutions
s'arma bien à propos le miniſtre de Glenai. F. At-
tendez abant faire boſte conte que ye bous die coment y'en ſuis ſourti vne fois mal ſatisfait faute de
m'eſtre reſoulut come autrefois. E. Et bien i'atten-
drai : auriez-vous bien manqué vne fois à prendre
vos bonnes reſolutions, & qui ne ſont communes
qu'à vous ? F. De toutes mes querelles ye n'ai re-
gret qu'à vne , & ce qui m'en faſche c'eſt que c'e-
ſtet en preſence de ma maiſtreſſe. Vn certen Huguenot ſabantas l'entretenoit des idees de Platon
& autres farfanteries à quoi ye ne poubois rien dire
à perpaux, de là il tomba à ſe moucquer de ſon cha-
pelet , elle reſpondit contentez-bous que ye ſuis
fort Cathoulique, Cathoulique, dit l'autre, ye n'ai
pas ſi maubaiſe oupinion de bous, m'ais y'eſtime
que bous n'eſtes qu'à boſte mari, ou pour le plus à
quauque ami, & non pas à tous, ce paillard ſe met à
philoſoupher ſur ce qu'elle eſtoit Catolou, & qu'il
faloit dire eſtre de l'Egliſe Cathoulique & non pas
Cathoulique : ye prins la parole diſant, qu'elle n'e-

oit ni Cat ni olou: bezez bous vien, di ie, ye ne fai ni Grec ni Latin & ne fuis poent fabantas, mais ye bous ferai raifon fur ce que bous dites, cap de you lou galãd me bient dire, Monfur l'ignorantas, ye ne fai poent tant de Grec ni de Latin que ye boudrois, mais pour m'accommoder à bous ye bous dis en Francés que bous eftes vn fot, & là deffus me hauffe lou nas du pung, là fut grand lou refpect de ma maiftreffe qui fe mit entre dux, & le boyage de la guerre a empefché que nous n'ayons parlé à maffe, encore qu'il me fafche fort abec vn Latinifte. E. vous voiez, il eft François quant il veut, mais cela s'appointera bien encores : peut eftre puis qu'il eft fi malheureux de fauoir du Grec, & du Latin ne fe faurat-il pas battre en Francés. F. Cap de you il me fafche fort d'vne chaufe qu'on m'a ditte de lui, c'eft qu'il n'y a efcrimur dans Paris qu'il n'ait pourté par terre. E. En Latin. F. Ie ne fai pas, mais Grand Iean, l'Anglois, ni Iean petit ne bulent plus tirer abec lui. E. Vous eftes deffendeur, le choix des armes eft à vous. F. I'abois penfai de le faire appeller abec vne arualefte & chacun trois matras, ou vien à che-bal, put eftre qu'il chebauche en Latin, mais diaule c'eft vn coureur de vague. E. Il faut trouuer quelqu'autre inuention : Le Prince de Condé en trou-ua vne pour vn fommelier & vn valet de gardero-be, deux bons foldats & qu'il ne vouloit pas perdre, il leur accorda le combat à Valeri, leur remonftrans que comme feruiteurs d'vn Prince du fang ils fe deuoient battre à cheual, & que *gent de Roy appelle à Baron* : il les fit donc armer auec les hautes pieces, eflire parrins, fe confeffer, leur fit tirer les deux meilleurs cheuaux, & quant ils furent fur le montouer, ne pouuans regarder qu'à la hauteur de leur visiere, les palefreniers les monterent sur deux mulets d'Auuergne bien empanachez, les mulets ne combattirent que du derriere, & les cheualiers aians fait leur pouuoir furent appointez. F. Ie croi que bous ne boudriez pas faire comparaison d'ux à moi, mais pourtant l'imbention en estoit gaillarde. Mais benons à boste ministre. E. c'ettoit celui de Glenai nommé la Fleur, personnage fort graue, qui ne faisoit rien que meurement & auec moderation, ce bon homme donc venant d'vn Synode de Nyort prit sa couchee à Lageon, où il ne fut pas plustost arriué qu'il void venir en mesme logis vn Cordelier, qui auoit le nez plus haut en couleur que lui : l'horreur de cette rencontre lui fit gagner vn iardin pour se promener à part, mais il n'y fut pas plustost que le Cordelier y entre : & comme M. de la Fleur, auec vne mine fort desdaigneuse, en tournant l'eschine monstroit au frater toute sortes de deffaueurs, lui d'vne voix bien moderee commença ainsi, Monsieur, ie voi bien que cet odieux habit & que ce froc de deception vous font à contre-cœur, celui qui les porte en est las, mais au nom du Seigneur & en la charité d'vn fidelle qui n'est iamais soupçonneuse, ie vous supplie Chrestiennement ne m'abandonnés point ainsi, pource que ce voile d'hypocrisie m'est ennuieux, & ma deliberation est de le changer bien tost en l'habit d'vn homme de bien comme vous, & ce moiennant la grace celeste, que vous me deuez aider a implorer, despoüillez-vous donc de ce qui empesche nostre communication. Ce fut assez dit, car le Ministre embrasse le Cordelier, & auec

toute sortes de congratulations lui promet de faci-
liter son dessein, & l'hostesse qui n'auoit qu'vn lict,
ne fut plus en peine de les coucher ensemble. Voici ce qui aduint, c'est qu'estant iour sur le lict, & le
bon homme trouuant son camarade le premier
debout se voulut leuer aussi : mais ne voiant rien
à ses pieds que le froc & l'habit gris, pensa resuer au
commencement , & puis se mit aux exclamations,
rememorant que le cauteleux auoit appellé son
froc de deception, & auoit dit qu'il vouloit changer
son habit pour celui d'vn homme de bien : aprés
plusieurs regrets, le besoin maistre des resolutions
dont nous parlions, fit vestir à la Fleur le mistere
d'iniquité : Le pis fut à l'arriuee de Glenai, où le
vieillard Seigneur du lieu, estans dans la tourette du
coin, aprés auoir crié, Bonté de Dieu quelle factu-
re d'homme est ceci, faillit à lapider son Pasteur,
qu'il estimoit auoir changé de profession comme
d'habit, mais comme vn morceau tire l'autre, il me
vient à la bouche vne autre resolution que vous
estimerez fort. La coustume du Poictou est que les
meilleures maisons du païs retiennent des chambres a Nyort & Fontenai pour se trouuer aux foi-
res qui sont en ces deux lieux : vne Dame d'An-
goumois retenoit a chaque foire de Nyort chez
Barberie la petite chambre qui est au haut de l'esca-
lier, n'estant point arriuee le premier iour, le sieur
de Pautrot de la maison de S. Gelais s'y logea : le
l'endemain a deux heures apres midi arriua la Dame, & cependant qu'elle disoit les honnestetez a
son hoste Ysabeau sa fille de chambre , d'vne gentille humeur : car il faut que ie vous die en passant qu'vn Charpentier nommé Biraut lui aiant

donné des lettres pour fa maiftreſſe, iamais elle ne voulut nommer le porteur par ſon nom , eſtant preſſee elle tendoit la gorge & demandoit vn couteau pluftoft que prononcer vn ſi vilain mot, en fin la maiftreſſe qui auoit beſoin de ſauoir le nom, n'aiant rien gagné ni par menace ni par promeſſes, lui commanda de le faire cognoiftre par entreſeings, ha bien cela, dit Yſabeau, il s'appelle comme cela dequoi on vous le fait : Elle-meſme donc eſtant montee à la chambre trouue ſur ſa table pretenduë vne male rouge, qu'auſſi toſt elle empoigne par les cordons & la fait ſauter par la feneſtre; la male tombe ſur vne eſpaule de Martin valet de Pautrot, comme Martin regardoit qui eſtoit bleſſé de la male ou de l'eſpaule , arriue ſon maiftre qui la fait apporter aprés ſoi, & trouue la Dame au haut; les voila aux paroles, froides pour le commencement, mais en fin il y fallut faire, & venir aux reſolutions, comme vous ſauez qu'elles ne ſont pas toutes pour le duel. F. Non pas , elles ſe remarquent vien au prouceder. E. Les voila ſur, Ie n'endurerai pas cet affront, l'autre ni moi, & que ma male ſoit precipitee : elle, I'ai cinquante gentils-hommes en cette foire , mes ſeruiteurs & parens pour prendre ma querelle, i'y ai auſſi deux gendres que vous connoiſſez bien : cela eſchauffa Pautrot a dire, Madame, ſi vos gendres reçoiuent le preſent de la querelle auſſi liberalement que vous leur donnez, ils me trouueront plus roide en leur endroit que ie ne ſaurois eſtre au voſtre, veu voſtre aage & ce qui en deſpend : Cette dependance picqua fort la Dame, pource qu'on diſoit qu'il lui pendoit quelque choſe, ioint qu'elle ne ſe ſentoit pas

encores a l'aage de mespris:elle dōc troublee de cō-
lere reuint au dialogue. Voila mon lict, dit-elle, ou
i'ai accoustumé de coucher & i'y coucheray cette
nuict. Pautrot replique, Voila le lict où i'ai couché
la nuict passee , & i'y coucherai encore cette-ci:
Ie dis que i'y coucherai, repart la Dame : Pautrot.
Et moi aussi. La Dame. Ie ne di pas que vous n'y
couchiez, mais i'y coucherai. Pautrot. Et moi ie ne
di pas que vous n'y couchiez, mais si sai-ie bien que
i'y coucherai aussi. La Dame. Et pour vous faire
parestre mon courage i'y coucherai dés a present:
Là dessus Fæneste ietta vn grand souspir, disant, ô
couraye tant tu me coste. Enai poursuiuant son
conte, Pautrot dit qu'il alloit faire comme la Dame
qui appelle Ysabeau pour la deuestir: Pautrot Martin pour le deschausser ; ce fut à qui feroit parestre
la resolution par la diligence : La Dame eut l'auantage pour estre la premiere preste, & Pautrot eut la
ruette. Ysabeau regarde Martin, & lui leuant le nez
dit, Et bien, maistre sot, sauois-ie pas bien que nous
y coucherions : & nous, dit Martin: sans vous amu-
ser plus long temps, voila les deux qui prennent le
chemin de leur maistre & maistresse, premierement
en paroles , mais plus racourcies, & puis au lict;
mais pource que Martin ferma la porte, & qu'il
disputoit ce point d'honneur, il eut pour partage la
place de deuant : Pensez charitablement qu'ils ne
firent rien que bien à propos. Cette Dame a dit depuis à quelques vns qui l'en on voulu gaucer qu'elle n'auoit rien fait par amour, mais pour faire parestre qu'il ne lui pendoit rien , & faire mentir les
mesdisans. F. Or il faut boire sur ce conte,& bibe
la resolution : ye ne bus pourtant poent monter
à chebal

à chebal que ye ne bous aic fait preſent de qu'au-
ques pieces rares que me dōna lou praube Bourron
quauques jours abant ſa mort. E. Eſt il mort? F. Oi
s'en eſt fait. E. Les nouvelles le ſont auſſi. F. On a
fait des Epitaphes pour luy, deſquelles ye bous dirai
le plus court.

> *Ci giſt Bourron, qui de nouvelles*
> *Ne ſut iamais chiche ni ſou,*
> *Et qui alloit, en paiant d'elles,*
> *De Nante à Paris pour vn ſou.*

E. Et bien, Monſieur, le tapis eſt mis, donnez-nous
donc la piere que vous nous promettiez. F. Ceci
n'eſt plus du rang des railleries, il ne faut pas tous-
jours fadeger, c'eſt vne prouphetie troubee aux rui-
nes de Partenai lou biux, abec vne lettre que Noſtre Dame eſcriboit au Maneſchal d'Aſai: ye bous
puis aſſeurer que ceci a mis en pene les plus ſabans
homes de la France, liſez s'il bous plaiſt.

E. Du reſte des fleaux & tempeſtes paſſees, &
d'entre les fers pointus & preſſez qui feront voler
40000000. de teſtes en deux mois, je voi preparer à
la diſcorde des ſemences qui de ſoi-meſmes s'eſchauffent, & ces matieres eſtre bien receuës & pra-
tiquees, meſmes par les plus peſantes humeurs: je
voi au premier beau temps qui paſſera l'Equinoxe
de Mars les entrepreneurs donner la teſte baiſee &
mettre le fer en beſongne, nómémēt ſur le 45. degré
de la Frāce Occidentale: Ie voi quelques vieillars Sa-
turniēs faire quitter a la ieuneſſe le repos & les delices, ſoit pour aller en garde ſoit pour attaquer: le tumulte s'echaufera premieremēt par bruis, par injures
& cris cōtre les voiſins, & meſme contre quelques
domeſtiques revoltez: les ennemis ſont compoſez de

divers langages, parures & complexions : les uns
sont de bandes noires : larronnesses & odieuses par
tout les autres sont ames douces & sans fiel, qui ne
cerchent que leur vie en paix : c'est une race cherie
& fut de bonne augure au maistre de tout le monde,
qui pourtant n'estoit qu'homme lors qu'il asseura
l'Eglise à la plus grande deffaitte des mescreans. La
querelle sera pource que les Occidentaux entreprendront la deffense de leur mortelle ennemie,
je di mortelle, pource qu'elle rescompensera d'une
maudite mort ceux qui l'auront conservee, &
voici la vicicitude des mignons d'Assuerus : ces
choses arriveront lors que les plus temeraires es-
saieront de desloger & desplacer les armes de leur
Roi en la presse & en l'obscurité. Ie m'explique
davantage en vous disant que les plus outrecuidez,
plus par ruses que par effort entreprendront sur le
soleil & la lune, couuerts d'armes deffensiues que
Saturne leur fournit, & aians pour offensiues les
plus rares presents de Mars. L'ingratte de qui
nous parlons est celle par qui tant de vies perissent
ou se conservent, par qui les esperances sont dressees, par qui abbatues ; c'est celle qui retient ou lasche la bride aux fureurs de l'air & à celles de l'O-
cean, par elle Sanson fut dompté, par elle S. Paul
fut sauvé : elle est si necessaire pour les exploits Mar-
tiaux que elle a les effects du feu en sa puissance, &
que par faute d'elle toutes les Princesses de Cartage
se coupperent les cheveux. Sa querelle donc viendra des paroles aux coups, les uns s'aidans des armes des Parthes, les autres de celles qui deffirent les Philistins. Oserai-je dire que contre les debonnaires, côme par necromancie, serôt emploiees

les choses mortes, les spectres, les promptes idoles,
& la despouille des pauvres, mesmes des reliques
qui feront des effects contre nature par les terreurs & espouventements. Ie reste à vous dire
que les forces de l'air y seront emploiees, si que par
vn mouvement spherique les esprits animeront
les choses sans voix a des bruits & rumeurs pour res-
veiller les plus endormis: garde la nuict contre les
esperviers de la Sagesse. Les deffendeurs penseront
avoir vaincu, mais lors qu'ils s'escrieront,

O fortunati nimium queis militat æter.

Et coniurati veniunt ad classica venti.

ils se trouveront circonvenus par la multitude, &
voici le secours des enfans d'Hercule, qui fortifians
l'esperance des plus bas mettront l'ingratte deffen-
duë hors du peril : quelques mois aprés se feront
des embrasemens : ô Marmande , ô Tonnins, que
peu dureront tes feux de joie, car on y bruslera
les os des morts despouillez de leur peau & de
leurs nerfs : les derniers effects de tout ceci plus familiers aux Anglois, & plus redoutables aux Espagnols. F. Et vien , les chebus ne bous dressent-
ils poent en la teste. E. Ie demande loisir de re-
passer ceci à par moi. F. cependant que vous lirez
ye m'en bai faire vn tour aux chebaux : Hala-haut,
Chervonniere, Carmagnolle, Estrade : à proupaux
ce couquin ny est plus. Et vien, Môsur bous y abez
pensai. E. Oui vrayment, & l'enigme est faitte
avec ses loix, mais de prophetie il n'y en a que le parestre. F. Comment parestre ? E. Or dônez-vous
pacience, & je vous monstrerai à quoy tombent les
choses merveilleuses de cet escrit, duquel un seul
mot m'a donné connoissance du reste. F. Bous

me feriez vien eſtonner & meſpriſer les ſabants
homes que y ai oui la deſſus, mais boyons. E. *Du re-*
ſte des fleaux & tempeſtes paſſees, Les ſeméces ordinai-
rement, ou viennent de deſſous le fleau ou ſont re-
ſemees, par ce que le mauvais temps fait demeurer
dans le champ, *Et d'entre les fers pointus & preſſez qui*
qui feront tomber quarante millions de teſtes en deux mois.
C'eſt le propre de ce que nous appellions ici & vers
vous la cherve, d'eſtre eſgrugee entre des fers ſerrez
& pointus, & de conter les teſtes qui tombent par
là il n'eſt pas poſſible: & pourtant quarante milliós
eſt vn nombre certain pour l'incertain. *Ie voi prepa-*
rer des ſemences qui de ſoi-meſmes s'eſchauffent. Voila le
mot qui m'a donné connoiſſance de toutle reſte,
pource que le chenevoi s'eſchauffe ſoi-meſme, dont
on tire un proverbe aſſez commun. *Ces matieres biẽ*
receues par les humeurs plus peſantes. Celles-la ſont les
aquatiques, pource qu'en tels lieux ſe ſeme ordi-
nairement la grene dont eſt queſtion. *Ie voi au pre-*
mier beau-temps qui paſſera l'Equinoxe de Mars donner la
teſte baiſſee & mettre le fer en beſongne. C'eſt la droitte
ſaiſon que les marreux vont aux chenevieres mettre les mottes en gueret, & ceux-la n'ont pas la teſte
haut. *Nommémeṇt ſur le 45 degré de l'Occident de la*
France. C'eſt en la valee de Garonne que j'ai veu le
plus de chenevieres, & les plus grandes qui ſe trou-
vent ailleurs, & cela eſt la pluſpart par le 45. degré.
Ie voi les vieillars ſaturniens faire quitter à la ieuneſſe le
repos & les delices. Ce ſont les jeunes enfans que les
peres font lever du lict & du ſommeil pour aller garder les ſeméces. *Le tumulte s'eſchauffera premierement*
par bruits par iniures & cris. Qui a veu cette garde n'a point beſoin d'explication. *Contre les*
voiſins, & meſmes contre quelques domeſtiques revoltez

C'eſt pource que les pigeons de la maiſon y vont auſſi bien que les autres. *Entre leſquels y a de deux ſortes d'eſprits, les uns ſont bandes noires, larronneſſes & odieuſes par tout.* Cela ſont les groſles, corneilles & chucats. *Les autres ſont ames douces & ſans fiel, qui ne cerchent que leur vie en paix.* Ce ſont les pigeons, pour la douceur deſquels quelques naturaliſtes ont eſcrit qu'eux & les tourtes eſtoient ſans fiel. *C'eſt une race cherie & de bonne augure à celui qui aſſeura l'Egliſe.* Pource que la colombe apporta l'Olive marque de paix, & aſſura Noé Prince des hommes qui reſtoient, & l'archetype de l'Egliſe, que les eaux ſe retiroient. *A la plus grande deffaitte des infidelles* Toutes les deffenſes faittes du monde n'ont point eſgalé celle-là, & ce qui n'eſtoit point dans l'Egliſe ſe contoit pour infidelle. *La querelle ſera pource que les Occidentaux entreprendront la deffenſe de leur mortelle ennemie.* Les Occidentaux de la France ſont les habitans de Bretagne, Poictou, Xainctonge & Guienne : mais plus particulierement la Prophetie ſemble en vouloir à la Gaſcongne, plus curieuſe que les autres à eſlever ce qu'on a nommé la ſalade de Gaſcongne, qui a fait de mauvais tours à pluſieurs du païs, comme il pareſt par ce qui ſuit. *Ie dis mortelle, pource qu'elle recompenſera d'une mauditte mort ceux qui l'auront conſervée* Tel en eſt eſtranglé qui l'a gardee en ſa jeuneſſe. *Les rendans compagnons du mignon d'Aſſuerus.* C'eſt à dire leur baillant Aman pour camarade. *Lors que les plus temeraires eſſaieront de deſloger & deſplacer les armes de leur Roi d'obſcurité en obſcurité.* C'eſt quand les couppeurs de bources les arrachent de la pochette d'autrui pour les mettre en la leur : & les armes du Roi s'entendent de toutte ſorte de mo-

noie marquee des armoiries du Roiaume. Ie dis davantage que les plus outrecuidez plus par ruses que par effort, entreprendront de ravir & quelquesfois raviront le
soleil & la lune, par la deffense de Saturne & par les attaques de Mars. Ceci depeint plus exprés les couppeurs
de bources: les Alchimistes appellent l'or le soleil &
l'argent la Lune: quand ils parlent donc de ravir le
soleil & la lune c'est ravir l'or & l'argent: & tout de
mesme pource que le plomb est entendu par Saturne, & le fer & l'acier par Mars: deffense de Saturne
est sans doutte le pouce de plomb qui empesche le
galand de se coupper, & les attaques de Mars sont
les coups du petit couteau. *C'est encor elle par qui tant*
de vies perissent ou se conservent. Qui a esté sur la mer
sait combien les cables & funins sont necessaires à
garentir les vies, & combien il s'en perd faute d'eux,
sans conter ceux que la corde emporte en terre ferme. *Par qui les esperances sont dressees, par qui abbatues.*
Les esperences sont les voiles, qui sont guindees &
ameinees par les cordages. *C'est elle qui retient &*
lasche la bride aux fureurs de l'air & à celles de l'Ocean.
Les engrages contre les tempestes dependent de la
bonté du cable sur tout. *Par elle fut dompté sanson.*
Quand estant lié de cordes neuves il tomba és
mains des Philistins. *Par elle S. Paul sauvé.* Quand
avec des cordes il fut devalé des murailles de la ville de Damas. *Elle est si necessaire qu'elle a les effects du*
feu en sa puissance. C'est de la corde qu'on se sert
pour tous les exploicts de guerre où les armes à feu
sont mises en besongne. *Et pour son absence touttes les*
Princesses de Cartage se coupperent les cheveux. C'est
qu'à la troisiesme paix Punique un Cartaginien
ayant respondu au Romain qui demandoit s'ils

avoient encores quelque autel pour parjurer, Faittes-nous, dit-il, jurer sur l'impuissance de rompre la foi : les vaincus furent donc tellement desarmez qu'on ne leur laissa ni cordes ni dequoi en faire : eux donc revenans à la guerre firent des cordages en couppant les cheveux de touttes les femmes du païs, sans que les Princesses y espargnassent les leur. *Cette querelle viendra des paroles aux coups, les uns s'aidans des armes des Parthes, & les autres de celles qui deffirent les Philistins,* Pource que les Parthes ont reputation de vaincre en fuiant, ceci est la fuitte d'un des partis, assavoir des oiseaux : Et pource que David aiant pris pour armes une fonde & deffait les Philistins par la perte de Goliath, ceci est conté pour les fondes desquelles les petits enfans tirent aux oiseaux, *Oserai-je dire que contre les debonnaires, comme par necromantie, seront emploiees les choses mortes.* Necromancie est vne science qui se pratique par les morts : l'Enigme dit donc qu'on n'emploie pas seulement les personnes à chasser les oiseaux, mais les choses mortes, qu'on appelle au païs les Baboüins. *Les spectres, les promptes idoles.* Spectre est ce qui effraie du regard, & ces hommes de paille sont des simulacres faicts à la haste. *Et la ruine des povres, & les reliques qui feront plus d'effect que ne doivent pouvoir les terreurs & espouuentemens.* A cela servent les despoüilles des plus povres : & quant au mot de reliques il est fort proprement employé, car il signifie restes, & nul n'y met rien dequoi il se puisse servir encores. Et quant a la terreur, qui a là plus de force qu'elle ne devroit, c'est pource qu'il n'y a point de raison que les choses qui ont vie fuient pour celles qui n'en ont point. *Il reste à vous dire que les forces de*

l'air y seront emploiees, si que par un mouvement spherique les sprits animeront les choses mortes à des tours vio-
lents puissants à reveiller les plus endormis. **Les forces
de l'air sont les vents, & voici les moulinets dans les
arbres qui chassent de leur bruit, & auprés desquels
on ne dort pas a l'aise; leur mouvement est spherique & paroist tel quand ils vont viste principalement.** *Garde la nuict contre les esperviers de la Sagesse.*
**C'est pour chasser la nuict qu'il n'y a point de garde
les cheveches & hibous qui sont aussi du mal : le
tiltre qu'on leur baille ici est pource que Jupiter va
tousiours accompagné de l'aigle, ainsi l'oiseau de
nuict est l'aigle de Pallas, à qui la Sagesse appartient.**
*Les perturbateurs penseront auoir vaincu, mais lors qu'ils
crieront.*

> *O fortunati nimium queis militat æter*
>
> *Et conjurati veniunt ad classica venti.*

ils se trouveront circonuenus par la multitude. **C'est pour
le mal que les mouees sont maugré tous ces artifi-
ces: Et les deux vers sont pris d'un Poëte Chrestien,
qui aux guerres de Stilico s'est ouit de ce qu'au jour
du combat les vents donnoient au visage des ennemis; & le jeu des Enigmes est d'approprier les grandes choses aux pueriles comme cette-ci** *et voici le secours des enfans d'Hercule, qui fortifians l'esperance des
plus bas, mettront l'ingratte diffenduе hors du peril.* **Les
enfans d'Hercule sont les lumeaux, qui durent jus-
qu'au 22. de Mai, dans ce temps la verdure, qui est
l'esperance, s'estant eslevee couvre le plus bas, met
la semence deffendue en herbe : vous sçauez bien
pourquoi il l'appelle ingratte.** *Quelques mois aprés se
feront des embrasmês.* **Ce sont les feux que vous voiez
tout le long de Garonne, que celles qui veillent.** *ô
Marman,*

Marmande, ô Tonnins, que peu dureront tes chants & tes feux de joye, car on y bruslera les os des marts despouillez de leur peau & de leurs nerfs. Il s'attaque à Marmande & à Tonnins , comme lieux ou principalement se void ce qui se raconte ici : les chants sont alleguez pour les chansons côtinuelles qui s'y disent en veillant : & pour ce qui est dit des os despouillez de leur peau & de leurs nerfs, c'est vne peinture assez expresse de l'estat où on laisse la chenevotte auant la donner au feu. *Les accidents de tout ceci seront plus familiers aux Anglois & plus redoutables aux Espagnols.* Ceux qui ont frequenté l'une & l'autre de ces nations, sauent combien la mort de la corde est familiere aux Anglois & horrible aux Espagnols. F. Bous me faittes faschai & puis joius , ye suis marri de boir de si velles chauses benir à rien, car ye m'en faisais admirer & parestre en vone companie, mais aussi l'explication me baudra force bones repues. E. Ie vous proteste que j'ai choisi vostre pais pour y avoir plus de cherves qu'ailleurs, mais non pas plus de larrons : car les couppeurs de bource viennent plus de Paris que d'autre lieu : Or je reçoi la prophetie de vostre main : mais vous avez tiré quant & quand de petits papiers, desquels je voudrois bien auoir part s'il vous plaist. F Monsur, se sont petits sauvriquets que Bouron m'aboit encores donez. E. vous parlez d'vn hôneste homme, & que je prenois à autant de contantement de voir mettre pied à terre ceans, que de gêtil-homme qui me fist cet honneur. F. Tenez en boila quatre à boste commandement. E. Voions cettui-ci. C'est d'un Signur qui aboit à Chartres une praube garce mal bestuë, il prit un caprice à sa fame en passant par là de la faire aviller tout à nuf : lors lou

Monſur boiant cette vraberie en dit ce petit mout.

> *Oui, ma femme, il eſt tout certain*
> *Que c'eſt vaincre la ialouſie,*
> *Et un trait de grand courtoiſie*
> *D'avoir reveſtu ma putain.*
> *Si Ie veux, comme la merveille*
> *Et l'excellence des maris,*
> *Rendre à vos ribaux la pareille*
> *Cela ne ſe peut qu'à Paris.*

E. Bon, & cettui-ci? F. Les alliances en ſont chãgees, car c'eſt d'un des plus galands Princes, & de la plus gentille Princeſſe qui ſoient à la Cour.

> *Comme l'on a ſoin de ſes proches,*
> *Vne tante blaſmoit du jeu*
> *Son neveu avec grands reproches,*
> *A la fin, ce dit le neveu,*
> *No jouez plus du cul ma tante,*
> *Ni moi aux dez, je le promets:*
> *Va traitre, dit la reprenante,*
> *Tu ne t'en chatiras jamais.*

E. Voici qui va bien: mais en voila trois que vous ca-chez. E. ye n'en cache qu'un qui me feroit pendre s'il s'eſtoit troubé ſur moi à Paris, y'aime mius bous doner cés dux ici, le premier a le nom changè, mais il eſt de meſme rime.

> *C'eſt un drosle que Vanechieres,*
> *Sa femme ne lui en doit gueres;*
> *Ils ſe pippent en cent façons:*
> *Mais il perd à ce marché, parce*
> *Que lui n'entretient qu'vne garce.*
> *Et elle cinquante garçons.*

E. Voions ce que dit l'autre. F. Cettui-ci eſt de Bou-gouin, où y'eſpere aller coucher de ſoir, c'eſt vn biux copte de Curé Fraſlart, qui en mourut de triſteſſe, ou àutrement lisez,

> *Ci dessous gist vn pauvre Prestre.*
> *Plaintif que Bougouïn son maistre*
> *Lui fit faire plus d'vn mestier.*
> *L'esprit revient & lui reproche*
> *Qu'il viroit en Esté la broche,*
> *Et l'Hyver il estoit portier.*

E. Ie vous assure que cettui-là n'est pas mauuais:
puis que vous craignez de porter à Paris tous ces
pappiers que vous serrez, où pouvez-vous les laisser
mieux qu'ici à nous autres qui ne somme pas si om-
bragez des potances comme on l'est à la place aux
veaux. F. Il y en a vien qui ne sont pas dangerux aussi: tenez, prenez-les comme ils biendront, cettui-ci
est d'un moine de Maillezais, qui se boiant fort vas
cachoit entre ses cuisses une petite bource de pistoles pour en faire son dernier present: celui qu'il avoit
choisi pour le confesser lui pense arracher un pac-
quet pour l'autre, lisez,

> *Pour donner l'onction derniere,*
> *Le frere confessant le frere*
> *Lui fit mal, non à son escient,*
> *Aussi il s'en excuse, pource*
> *Que ce fut en tirant la bource*
> *Qu'il prit la couille au patient.*

F. Puis que bous estes si opiniastre à boir les autres, gardez-les, & ne bouiez que quand ie serai
vien loin, car il est dangerus en diavle d'estre troubé
abec quauque cause qui touche Môsur le Maneschal,
& y'ai affaire de sa fabur pour une grande entreprise
à laquelle ye suis conbié, & pour laquelle il me fau-
dra rebenir en ce païs à un amvarquement. E. Est-il
possible que ie ne vous y saurois aider puis que c'est

en ce païs?F. Ie ne fai pas, ye m'en bai bous conter
que c'eft,mais ye bous refcommende lou fecret. E.
Et moi à vous-mefmes.Ie bis à Paris abant partir un
grãd cabalier,qui eft benu ouffrir de merbeilleufes
richeffes pour releber la Couronne d'une grande
partie de fes debtes,mettre force Princes & Signurs
à lur aife,& rendre le Roi maiftre de la mer en defpit
des Anglois,Flamans & Efpagnols? cet home bient
de la part du General Stincs & huiɛt autres grãds
pirates,qui ont voulu vailler au Roi d'Angleterre
dux milions d'or, & lui conquerir le Perou à leurs
defpens;& leur Koi(car ils font la plufpart Anglois)
ne les voulant recevoir à aucun traitté, ils crierent
en levant l'ácre debant l'ifle de Vvich, qu'il demeu-
raft Roi d'Angleterre &ux de la mer : ils ont fait
quelques ouffres femvlavles aux Eftats, au Roi d'Ef-
pagne,aux Benitiens, & au Duc de Florence : mais
ces gens-là trop céremonius,n'ont pas boulu prendre fur lurs confciences l'abolition de tant de mur-
dres & raviffemens,& fur tout de cinquante mille a-
mes bendues aux infidelles:Tous les Cõfeillers d'E-
ftat de ce peïs fe rendoient trop fcrupulux : Vien eft
brai que les plus bius du Confeil d'Eftat s'y oppou-
foient au commancemét:mais les plus aviles, come
Mangot & Varvin,& plus encor Monfur lou Manefchal & Madame,lui ont fait paffer fauf-conduits,
abolition & contraɛt honoravles, non fulement
pour tous les maux paffez, mais encores pour çu
qu'ils feront en fe benant rendre à la France,& yuf-
ques à ce qu'ils foent en la ribiere de Morbian ou en
celle de Maran. E. c'eft à dire l'Aiguillon. F. Coment Monfur, en fabez bous quauque caufe ? E.
Ie n'ai que cela pour cet'heure , pourfuivez s'il
vous plaift,& parlons fobrement de nos fuperieurs.

F. Cap de you, ye ne dis rien que ce qu'il a fait boit
à mille perſonnes : car il a par tout où il a peu en ga-
gé ſes contracts quand il troubloit de l'aryent deſſus. E. Et que promettoit ce grand perſonnage? F.
Il promettoit au Roi vn preſent de deux millions
d'or, ſi mius ſa Majeſté ne bouoit conter pour nuf
cens mille eſcus diyhuict navires qu'on n'eſquipe-
roit pas en France pour les deux millions, & puis
onze cent mille eſcus en eſpeces : il donoit à M. lou
Maneſchal 300000. eſcus, & à Madame pour cent
mille eſcus de diamens, à un Prince & à dux Ouſſi-
ciers chacun cent mille eſcus, pour cinq cens mille
eſcus de preſents par ci par là: tout cela ne lui eſt
que fumier, car ils ont trente ſix millions d'or en
lingots & monnoie, & plus que cela encores en dia-
mants brus, n'aians daigné empaqueter ceux qui e-
ſtoient au deſſous de quatre quarrats, pour ſeize millions de perles, ſi groſſes qu'elles incommodent à les
pourter: ye me haſte de m'en aller là pour eſtre em-
plouié à ce grand ſerbice : car on embarquera en ce
païs pour aller querir ces richeſſes. E. Et avez vous
connu ce bon Seigneur là? F. Oi braiment, il m'appelle ſon camarade, il m'a mené dux fois diſner abec
les gentius-homes de Monſur lou Maneſchal, c'eſt
un petit homme viſarre & qui jure en Diavle, ne
parle que d'eſtrangler mille homes à la fois, & ne
proumet au moendre de nous autres rien moens de
20000. eſcus, c'eſt pour pareſtre cela : il dit qu'il a
une tour à Vanes qu'il a fait murer pource qu'elle
eſt plaine d'or qu'il a laiſſé quatorze mille piſtoles
entre les mains d'un ſié ami prés d'Angers, & en autres divers lieux autât, & 17. cens mille eſcus à la Ge-
nerale Chaü, avec vne licorne plus belle qu'il y en

ait yamais eu en France, un pelican, de qui les yeux
d'efcarbouble vallent un demi milion d'or, un poi-
gnard, de qui le pommeau eft d'vn diamant : & moi
là. E. Ce que vous avez dit du parchemin & de la cire un de mes voifins en pourroit refpondre, parce
qu'on a defpofé entre fes mains les premiers originaux: pour le fuccez de tout cela s'eft une bizarre
piece, nous avons veu l'homme, vous a-il iamais
donné ou prefté un efcu? a il à Paris paié la comme-
die ou le bafteau pour vous ? avez-vous efprouvé
vne verité de tout ce qu'il dit. F. Non pas certes, non
E. Ces iours eftant à Fontenai le Comte il fit un te-
ftament, par lequel il donnoit quatre cent mille efcus à quelques gentils-hommes & dames : le notai-
re Grignon un des meilleurs de la Prouince , prit
plaifir à coucher cela en termes honorifiques, comme la befongne la plus fplendide qu'il euft faict en
fa vie, mais la minute & la groffe lui demeurerent,
pource qu'aucun des donataires ne voulut hazarder
vingt fous pour la façon, & pour la colation qui fe
fit à cette occafion, demeura le mandil du laquais:&
là il declame contre les Poictevins, les appelle mauuais, niais, & i'ay veu dans le cabinet de mon voifin
dixhuict ou vingt pacquets qu'il a receus & en reçoit tous les iours des plus grands de la Cour qui
l'emploient à maintenir leur droit à la façon de ce
grand partage, pour lequel y a commiffaire entrete-
nu en ce pays, avec beaucoup de particularitez en
cet affaire, qui ne doivent point eftre divulguees
pour le refpect que nous devons aux plus eflevez : ie
me contente de vous avoir dit cela, me fentant o-
bligé par voftre ioieufe vifitation à vous deftourner
d'un fi pernicieux voiage , comme ie fai tous ceux

sur qui i'ai creance ou authorité. F. Cap de buch
me boila auffi eftonnai que quand bous abez re-
duit ma prouphetie en filace : comment diavle fe-
roent trompez tant d'aviles homes, & qui font fi
prés de fouleil. E. Le trop près efbloui au lieu d'ef-
clairer, nous autres aux vilages, à la iufte proportion
& rencontre des lignes vifueles, voions quelques-
fois plus à clair: c'eft que ce galand qui s'appelle en
ce pais tantoft l'Amiral, pour l'efperance de com-
mander une armee navale, tantoft le Comte de Ma-
rans, pource qu'il le veut acheter, tantoft le Marquis de Belle-ifle ou du Ré, Comté d'Oleron, Lieu-
tenant de Roi en Bretagne : & ainfi prend le tiltre
d'autres feigneuries & gouvernemens ainfi qu'il les
defire: Ces iours en un feftin de ce pays où il avoit
appellé trois Ducs fes coufins, un maçon le voiant à
table & aiant bien catechifé fa memoire pour le re-
connoiftre, le tira par les chauffes au fortir du difné
& lui dit, Mon coufin, i'aurois bien à cette heure affaire des huict livres que vous touchaftes pour moi
quand nous travaillions à Briffac : Les Ducs qu'il a-
voit ac coufinez n'empefcherent point les premiers
coups de poings du coufinage nouveau, & apres la
feparation firent une enquefte fur M. de l'Orme
comme pour le faire Chevalier du S. Efprit, & fe
trouva que fon pere & fon frere pleins de vie & bés
maçons travaillent encores prés de Cran. Ce mauvais coup fut fecondé par un Flamand mal gratieux,
qui dans un logis de Maran lui maintint avec le
poing au vifage, que tous les pirates qu'il alleguoit
eftoient noms contrefaits, ou perfonnes qui n'eftoient plus. Ces petits accidents, quereles des mauvais fuccez, foufflets, cous de pieds & autres rebuf-

fes que fouffrit ce bon Seigneur m'aiderent à def-
courager l'embarquement, où fe vouloient enga-
ger quelques ieunes gentils-hommes, en la perte
defquels i'aurois intereft : mais tout cela n'a point
empefché que ie n'ay perdu l'amitié de quelques
uns, & que ce ruftre, avec deux ou trois efpions de
ce pays, au defpens de plufieurs fauffetez inventees,
ne m'aie mis mal avec ceux qui peuuent le mal & le
bien, cela m'a fait dire des efpions avec Tacite *genus
hominum femper fatis odiofum nunquam fatis coercitum.*
Ie ne vous dirai plus que ce mot, pour cette fois, c'eft
que le Commiffaire de cette affaire aprés avoir efté
huict mois en ce pays, voulant retirer de mon voifin
les originaux de touttes les defpeches, lui fit une re-
monftrance ferieufe fentãt la menace en ces termes,
Monfieur, vous offenfez le plus grand & le plus honorable Confeil qui foit en l'univers de vouloir a-
voir un fentiment contraire au leur, & voiant cet affaire authorifé de fi honorables & authentiques def-
pefches, pour pareftre plus abiles qu'eux les defcrier
defdaignant de fuivre leur exemple en defployant
voftre affiftance & vos moiens pour un affaire tant
defiré, pour moi ie ferai mon rapport de ce que vous
me refpondrez là deffus : mon voifin refpondit,
Monfieur, dittes donc comment ie voudrois que
ces pieces que vous eftimez tant honorables le fuf-
fent pour tous : & quant au mefpris de l'exemple
duquel vous me chargez, tant s'en faut, car ie fui-
urai Meffeigneurs de point en point, & comme ils
n'ont point efpargné les tiltres & n'ôt rien defbour-
cé, ainfi i'appelleray Iean de l'Orme que voila Mõ-
fieur l'Amiral, mais il n'aura point de mon argent.
F. Ha monfur, me boila deffait : à la beritai y'abois
vien

vien pensai dux chaufes, l'une qu'il ne faboit ni lire
ni efcrire, & l'autre qui n'aboit pas un villet fulement dê la part de çus de qui il fe difoit amvaffadur.
Or ye m'enbai boir à la Cour coment cet affaire eft
abançai: fi ye ne puis rien de ce coftai ye me bai mettre de dux meftiers l'un ou coyon de mille liures ou
efpion: car y'en boi qui font leurs affaires, & ban-
dent vien cher des biedafcries. E. Vous ferez bien de
ne vous attendre plus de ce cofté là, ie penfe vous
en pouvoir dire la fin au premier voiage que vous
ferez en ce païs, mais ie crains qu'elle ne foit pas co-
mique comme celle du Comte de Manle. F. Qu'e-
ftoit cela ? E. C'eftoit le greffier du lieu, qui de dix
mille livres que fon pere lui avoit laiffé en mourant
avec l'eftat, en aiant mangé huit mille en friponne-
rie, hazarda les deux qui lui reftoient à faire vn train,
compofé de fes compagnons en defbauche. Le plus
vieux fit Monfieur le maiftre, un autre qui iargon-
noit l'Italien fut Seigneur Francifque Efcuier, un autre le Secretaire, & le quatriefme le vallet de chambre. Le Secrettaire folicitant un procés contre la
Comteffe de More, & la maifon de Caumont, à caufe d'un partage, avoit pris connoiffance en un logis
de la ruë du Temple à Paris, trouva fon maiftre arri-
vant fortuitement en pofte, & le mena defcendre &
loger où il y auoit pour lui falle & deux chambres
tapiffees, en attendant que le train fuft venu, pour
lequel la cuifine & les pages il erra un petit logis auprés, l'hofteffe faifant le marché. Monfieur le Comte aiant receu nouvelles que la biche privee eftoit
morte, fe mit au lict de defplaifir, mais fous cette
ocuverture c'eftoit pour l'amour fans raifon qu'il
portoit à Madame Avoie, fille unique du logis, à la-

quelle il ne pouüoit manquer quarante mille efcus
de fucceffion, outre les immeubles: la mere & la fille en peu de temps s'apprivoiferent fors avec leur
hofte, qu'ils louoient de fes bons propos , mais fur
tout d'eftre bien privé pour un grand Seigneur: le fe-
cretaire fe cachoit avec elles derriere une cloifon
fenduë, d'où ces femmes efcoutoient ce qui fe difoit en la chambre de M. le Comte: un foir ils efpie-
rent de plus prés pour un grand contrafte qu'ils en
rendoient entre le Maiftre d'hoftel & l'Efcuier au
chevet du Seigneur : **Comment**, difoit le Seigneur
Franfcifque, pourrez-vous comparoiftre devant
Meffieurs du Lude, de Bourdeilles, de Ruffec & des
Cars, & leur mener pour proche parente vne Pari-
fienne, & pour alliez des fires & des chapperons de
drap: Ha Francifque, difoit le Maiftre d'hoftel, penfe tu que noftre Maiftre n'ait pas combattu ces chofes par la vehemence d'un amour, à quoi toi ni moi
ne fcaurions remedier, il n'eft plus temps de le con-
feiller mais de le fervir; il eft affez grand pour agran-
dir une femme, de laquelle les enfans ne porteront
pas le nom: l'Efcuyer redoubloit , C'eft toi qui l'as
flatté en cette opinion , quand tu feras au pays ces
Seigneurs te feront pendre: Vois-tu bougre, difoit
l'autre, fi tu leur fais recit de moi autre qu'il n'appar-
partient ie te ferai manger un pied d'efpee. Le Comte le voit le bras entre deux, & aprés quelques fouf-
pirs difoit, O Francifque, que tu iuge de ma vie ini-
quement. La mere & la fille difoient l'une à l'autre
à l'oreille, Voigé-vou, iamais nous n'avons eu que
du mal par cés caillette d'Eftalians ilec. Il faut ac-
courcir que par telles menees M. le Comte daigna ef-
poufer Avoie, & caffa Francifque pour le premier

son train avec cent beaux escus contant, & quelque
promesse: le Secretaire avec autant fut depesché aux
affaires du pays pour ne revenir plus. M. le Comte
disoit à son beau-pere qu'il le prioit de l'emploier à
ses affaires d'Alemagne : & qu'il prendroit à grand
plaisir de voiager en le servant, mettant la commis-
sion de facteur au nom du maistre d'hostel. Ce discours vint bien à propos pource que dans le mois
un vilain de Manle tout nud, iambe passoit devant
la porte comme le Comte venoit de la ville, il se iette auprés lui dans l'alee en s'escriant, La piadé maistre Guillome que vou m'avé bailé de pouenne à
vou treché, chardé que vou este brave, quement
diantre vou portez-vou ? hé, vequi métre Franças
Tibodeaz (parlant du maistre d'hostel) y sé venu pre
léz quatre vingt franc que vou savé. Voila vn grand
scandale dans la maison, la mere & la fille aux hauts
cris: le pere qui leur avoit contredit au mariage, les
arreste, & les prenant Par les deux mains, Là, là, dit-
il, ne faut point faire les bestes , nous pensions
avoir pour gendre un grand Seigneur, & nous a-
vons un habile homme que i'estime autant. F. Cap
S. Arnaud lou vrabe home, y'abois vien pensai d'en
faire autant mais tout mon cass'en ba en cagade: ye
biés à mon perpaux, qu'il me faut estre ou coyon de
mille libres ou espion. E. Qu'appellez-vous coion
de mille livres? F. Ce sont quarante gentius-homes
& quauque Signurs, à qui monsur lou Maneschal
done mille libres & bouche à cour, pour se tenir prés
de sa persone, & selon qu'il se rendent suiets il lur
fait du vien d'aillurs. E. Qui les a nommez ainsi ? F.
C'est lui-mesme, quelques uns les bouloient appe-
ler les quarante cinq ou ordinaires , mais cela sen-

toit trop lou Roi, les autres couppe-iarets ou fui-
bants, mais cela eftoit trop odius ou trop vas, tellement que Monfur lou Manefchal en les appellant
comandoit qu'on lui fit benir fes coyons de mille libres quand ils fourtoient, & ce nom lur eft demu-
ré: il y en a qui difent que tous les Princes le hayf-
fent, & mefmes qu'il a à fe craindre du Ciel, mais fi
vien accompagné, il n'y a pas mouien de lui rien demander, il vatteroit vien tout lou Loubre. E. La garde des mercenaires ;'eft trouvee bien fouvent infi-
dele au befoin:& quel moien auriez-vous d'entrer
en cette compagnie. F. Il y a un Efcuyer de Madame que y'ai accompagné pour un acqueft de quinze mille libres de rente qu'il but faire, il m'a dit
que ye paruffe au difnai de Monfur & qu'il me
prefenteroit. E. Comment l'Efcuier quinze mille livres de rente? F. ye bous puis affurer que celui qu'ils
appellent le petit Taillur murmuroit l'autre y or debant nous autres , que depuis la fourtune de fon
Maiftre il ne fauroit aboir monftré que cent cinquante mille efcus net: il ne fut yamais une telle
puiffance ; bous ne bouiez par les rues de Paris que
poutances plantees pour çux qui ozent oubrir la
vouche contre Monfur ou Madame. E. Et que pen-
fez-vous que ce foit pour eux qu'on ait fait cela? F.
Oi, ye bous maintiés que c'eft pour ux qu'elles font
plâtees. E. Peut-eftre. F. Mais Monfur quand il n'au-
roit baillant que le rebenu de la Poullette qu'ils
ont efteinte, cela leur a balu trois millons. E.
Si vous pouuez donc entrer en cette coionnerie
& qu'elle dure, vous y ferez mieux voftre profit qu'à l'autre meftier d'efpion. F. Pourquoy
une vone penfion & la vone grace des Gou-

bernurs n'eſt poent à meſpriſer. E. Oui, mais ce me-
ſtier veut une grande diligence, dexterité, inven-
tion, impudence, & avec tout cela il n'eſt point
ſans danger, car quand l'eſpion n'a rien de vrai à
produire, il faut qu'il entretienne ſa boutique de
fauſſetez, & ne faut que la preuve d'une pour gaſter
tout de l'vne ou de l'autre part : je vous dirai, comment ſe gouverne un Senat de telles gens que nous
avons en ce païs, compoſé de quelques Catholi-
ques ruinez qui ſe veulent, relever par les choſes ex-
tremes, d'Huguenots revoltez tout à plat & d'autres qui prenent terme pour l'eſtre : premierement
ils empliſſent leurs lettres des pas & des paroles des
plus gens de bien du pays, en deſtournant touttes
choſes de leur droit ſens : ils vont diſner avec un
gentilhomme qui leur en donne de bon cœur, ils
le mettent à propos du mauvais gouvernement
d'aujourd'hui : ſi c'eſt quelqu'un qui ait charge, ils
demandent combien de quartiers il a perdu depuis
trois ans, luy font voir au profit de qui va ce larcin,
& que les choſes iront ci aprés de mal en pis, alle-
guent les penſions nouvelles des perſonnes les plus
indignes qu'ils peuvent choiſir, de là ils viennent ſur
les comparaiſons du temps du feu Roi, & qu'on
eſtoit bien paié ſous l'adminiſtration de M. de Sulli;
ſi là deſſus ils peuvent aigrir quelques cœurs par ſes
intereſts, & faire eſchapper de la bouche choſe
qui ſente le meſcontentement, voila dequoi meri-
ter l'entretien, s'ils rencontrenr, côme il leur avient
tous les jours, des gens qui par probité, par pacience, ou par connoiſſance des galands, leur reſpon-
dent en bons & loiaux François & ſerviteurs du
Roi; lors ils ſe contentent d'eſcrire ainſi.

F iij

I'ay veu un tel à qui j'ai tasté le poux, où j'ai trou-
vé quelque inegalité ou alteration pour le service du Roi,
mais je l'ai remis en tel estat qu'on ne doit rien craindre
de ce costé là. Ils ont un bureau à Niort qu'ils appe-
lent le conseil du Roi ou le conseil des avis. F. I'ay
un frere qui est de cette vande, c'est lui qui m'y
combie, c'estoit un gus il n'y a que trois mois, il
n'y a que luy mentenant pour parestre, ils s'at-
tendent d'avoir vien tost des confiscations. E. Il y a
de trop bonnes cervelles au conseil du Roi pour
donner les gens de bien en proie à cette canaille. F.
Si est-ce qu'ils seront recompensez, car ce sont gens
qui la plusparr se font faits instruire. E. Que l'Eglise
doit maintenir : & si faut que je bous die un veau
plaisir, c'est que ce min frere en a mené huit qui se
sont faits confesser à Paris en tiltre de combertis, &
pourtant il n'y en a qu'un d'ux qui ust yamais esté
huguenot : n'est-ce pas un galand trait, car il y en a
doit encores mener d'autres. E. Ceux qui aimét telles marchandises meritent d'estre trompez, croirez
vous que la verité se maintienne par telles choses?
F. Et quoi ne bous estonnez bous poent de quatorze Mestre de camp, ou yens de ceste estoffe que
bous abez perdus depuis la mort du Roy. E. Non,
car rien ne s'en est allé qui fust à nous ; & vous ver-
rez que ces Mestres de Camp ont perdu leur mai-
strise, & ont leurs soldats pour ennemis depuis qu'ils
se font faits valets. E. Or y'ai a m'excuser de tant
d'importunité que je vous ai apporté. E. Vous m'a-
vez richement paié, permettez que je voie les deux
petittes nouveautez que vous m'auez laissez. F.
Monsur cette là est d'une dame que ie ne voudrois
pas qu'elle fut nommee pour dix mille pistoles, il lui

prit une debotion de communier tous les yours, là
deſſus quauqu'un de boz yens lui dona quauque
rime, dont ce quatrin fait la concluſion, boiez, E.

> *A quoi ces dieux que tu conſommes*
> *Et en tout temps & en tous lieux:*
> *Toi qui ne t'és peu ſouler d'hommes*
> *Te penſes-tu crever de dieux.*

Ceci eſt de haut gouſt. F. l'autre eſt vien plus dangerus, liſez. E.

> *On demande à quoi ſont utiles*
> *Conchine & force autres encor :*
> *Alexandre en euſt pris des villes,*
> *Ce ſont des aſnes chargez d'or*

Touchez-là, vous mettez le nez en bon lieu, ne me
promettez-vous pas que s'il vous tôbe quelque choſe de meſme entre les mains vous me l'enuoierez. F.
Oi de bon cœur. E. Et moi en revanche ie vous pro-
mets vn livret à quoi un de mes voiſins travaille, qui
vous fera baiſer à la jouë aux bonnes compagnies
que vous frequentez, c'eſt un traitté qui n'a point
encores de tiltre, on veut qu'il le nôme le rabilleur,
les autres Eſculape : le corps eſt d'un Baron de ce
pays, qui, comme Dom Guichot voiagea pour re-
mettre la Chevalerie errante, cettui-ci court le pays
pour reſtablir l'honneur des Seigneurs & regler ſa
menuë Nobleſſe, où il lui arrive des accidents qui
ne vous lairrons pas dormir. F. Monſur ye me mets
à genoux debant bous pour que bous m'en diſiez
quauque cauſe, & que ye m'en aille en cette vone
vouche. E. Ie ne l'ai leu que deux fois, mais pour
vous donner courage de m'évoier des nouveautez,
ie vous en dirai le commencement & la fin.

Vn Baron de ce pays qui porte le nom de Galo-
pſe, de bonne & grande maiſon, nourri aux lettres

& qui en ſa jeuneſſe a eſté homme de guerre, depuis
par le loiſir de la paix eſt devenu plein de medita-
tions à force deſquelles (ſans tirer cela de ſa race)
il eſt devenu ipocondriaque : Cettui-ci convia un
jour des gens qui approchoient le plus de ſa com-
plexion, ſur tout quelques Theologiens & Medecins, & aprés diſner mit ſur le tapis qu'il ne dormoit
point pour le deſplaiſir que l'Eſtat alloit ſi mal, que
les qualitez les plus relevees eſtoient opprimees; en
fin, comme ſi la France euſt eſté ſon Iardin, il mit
en peine la compagnie de dire leur avis ſans faire à
deux fois pourquoi l'Eſtat alloit mal, & du remede
qui s'y pourroit trouver, quelqu'un propoſa l'opinion de feu Segur, qui diſoit qu'en Turquie les fous
eſtoient tenus pour Prophetes, & que tout y proſpe-
roit, ainſi que la France iroit bien ſi on vouloit ad-
jouſter plus de foi aux propheties de brocart : Là fut
allegué Renardiere, diſant qu'on ne portoit point
aſſez d'honneur à la Nobleſſe, & que tous les diſ-
cords de la France ſe devoient vuider par les Anna-
les de Bretagne. On mit en avant un Petit livre qui
pour regler la grande multitude d'Officiers vouloit
eſlire 120000. cenſeurs. Le Preſidét de Provins, qui
eſtoit là maintenoit tout aller en decadence pource
qu'il n'eſtoit pas Chancelier. Vn baladin nommé
Faucheri, qui n'eſtoit pas aſſis avec les autres, vint
dire par deſſus les eſpaules comment il avoit leu en
Bodin que les Royaumes ſe ruinoiét faute de la Dá-
ce, & pour cela il ne vouloit plus monſtrer qu'à piſtoles, & qu'é fin la Fráce le perdroit : Ce propos fut
rejetté, pource qu'il ni avoit là perſónes pour les ca-
prioles. I'aimerois autát, dit le Baró de Canopſe, l'o-
pinió de Madamoiſelle Sevin, aſſavoir que le móde
ſe perdoit

se perdoit à faute de pelerinages : Et Grandri d'auprés de Melle s'escrioit toufiours que le monde se
perdoit par trop de Clergerie. Ce propos fut rompu
par Madame de Bonne-val la bonne femme, qui a-
voit seance en ce Conseil, & qui apres avoir discou-
ru sur la felicité d'Angleterre durant la Reine Eliza-
beth, maintint qu'il falloit mettre la France en Gu-
nocratie. Voila le Baron en colere, Bran, dit-il, j'aimerois autant la Iobelinocratie du Prince malaisé de
la Rochelle : aussi à propos fut l'opinion du bon hô-
me de Clisson, disant que tout petissoit faute d'vser
de pimpenelle : j'y adjouterois de la betoine, pource
que telles herbes purgent les cerveaux, & les esprits
seroient plus propres à gouverner. Ce propos fut
arresté par Constantin, qui dit en ces termes, Certes
Messieurs, vous me feriez plus-tost adherer à l'opinion de maistre Geruais, autrement le Philosophe
de Magné. F. I'ay oy conter de luy, que le bon home Maneschal de Biron prenoit plaisir de l'entrete-
nir, & quauques fois le évattoit quand il l'importu-
noit, dont il disoit au Maneschal son fils, que le pere
aboit quauques maubaises hures sur lou soir, & qui
un yor picqué par un gentilhome, qui li diset en do-
nant la sacade dans les fesses, Bous estes Philosophe,
L'autre respond, & bous picque Philosophe. E. Mô-
sieur c'est cettui-là, mais souvenez vous que nous
sommes en un conseil & ne rompons pas les voix.
Ce bon home donc maintenoit que l'vniuers se dé-
truissoit à faute de Grammere : car cette grammere,
qui vient de *grandu mater*, tiendroit tous ses enfans
en paix, s'ils faisoient d'elle l'estat qu'ils doiuent : c'est
par elle que nous nous entendons les uns les autres :
faute de grammaire fait que nous ne nous entédons

G

pas: faute de s'entendre amene les diſſentions, lei
guerres, la ruyne du païs: *Ergo*, faute de grammaire
ruine le pays: Mais encores voudroiſie, diſoit maiſtre Gervais, que ceſte grammaire fuſt chaſtree d'une
grande quantité d'adverbes, comme, *charnellement,
reallement, corporellement, tranſubſtantiellement*: & d'autre coſté *ſacramentellement, figurément, ſpirituellement,
inneffablement, accommodément*: Et encores parmy les
Courtiſſans tât de *Extrememẽt, ie ſuis voſtre ſeruiteur
eternellement*: & aujourd'huy court *furieuſement*, juſ-
ques à dire *il eſt ſage, il eſt doux furieuſement*. La premiere bande de ces adverbes à trop peté dans les eſ-
colles, & trop fait peter de coups de canõ: les autres
empliſſent la bouche des plus ſots Courtiſans, & cet
accommodément, eſt terme de haute vollerie ou de gi-
beciere. Sur ces propos le Baron de Calopſe commença à changer de couleur, & ne pouvant plus tenir ſon eau jette ſa calotte ſur la table, va dire à Co-
ſtantin, je vous dis, que vos diſcours ſont
d'impertinences, d'incongruitez que il eſchet *rem a-
cut tangere*, tous les deſordres viennent de ce que la
menuë Nobleſſe ne reſpecte pas aſſez les Seigneurs
comme moy: la Cour m'a eſté en abomination en
oyant les petits aubereaux dire, hau Vicomte, hau
Marquis, veux-tu venir joüer: de la toutes choſes
vont ſur ce mot, *ſurſum atque deorſum*: & tous ceux
qui eſtiment autrement, ſont pié-gris, ruſtiques &
carrabins: Or n'eſt-ce pas aſſez d'en diſcourir pato-
logiquement, il faut proceder à la therapeutique, à
quoy ie m'offre en ceſte bonne compagnie, par un
voyage duquel il ſera memoire, & pourtát je deſire
vos conſentemens, item que vous l'accompagnez
de vos prieres & benedictions, reſeruez à l'arriere

boutique de mes secrets le progrez de l'expedition.
La fureur qui parut au visage de ce Seigneur, fit ap-
prouver le tout, pour le moins par silence, & des le
lendemain le voyage & l'equipage preparé comme
s'ensuit. Premierement il convient savoir l'habit qui
estoit d'une paire de bottines fourrees de peau de
lievre, un haud de chausses de veloux cromoisi rouge, un propoint de satin bluf, par dessus vne juppe
sans manche de demie ostade, & puis une robbe de
tireténe fourrees de renard, un chappeau de velours
violet à quatre quarres, & ouppes pendantes, & des-
sous une calotte de toile blanche picquee, qui des-
sendoit iusques aux espaules, & par une fenestre
carree laissoit parestre un fort grand nez & 2. gros
yeux admirans toutes choses, sa litiere double d'es-
carlatte d'Angleterre, estoit portee par deux jumés,
l'une rouge, l'autre poil d'estourneau: il estoit assisté
de son Apotiquaire nommé Riclet, chevauchant
une mule entiere, garni d'vne seringue à l'arçon de
la selle & de l'autre costé d'un pot de chambre: le
reste de son bagage estoit une petite valise verte que
son iardinier, à cuisses nuës, portoit à pied: Le premier logis de ce convoi fut en Ars, où le Seigneur
son parent le reçeut selon les loix qu'il luy avoit ouy
prescrire, & puis ayant entendu l'expedition, & que
de ce pas il marchoit à la correctiõ de la menuë Nô-
blesse, l'hoste propose que le train estoit un peu trop
modeste & de trop peu d'esclat pour une si haute
entreprise, pource disoit-il, que sans parestre vous
ne pouuez garder vostre authorité. F. Et vien, ye
bous y tient au Parestre, mais ne laissez pas de suibre
boste perpaux. E. Ie me rend à vous, & vous dirai
en poursuivant mon discours, que M. d'Ars jura

qu'il ne l'abandonneroit point en un si grand & si
honorable dessein, & vont coucher à Saugeon, que
Calopse avoit mis sur ses tablettes pour avoir veu
au Baron de là la moustache trop relevee, Saugeon
le reçeut avec toutes les civilitez qu'il se put aviser:
le vieux Baron à toutes occasions branloit la teste,
jettoit des œillades à son cousin, conterollant les re-
verences, longueur de l'apprest, les ceremonies &
façons: quand le soupper fut prest il pria Ars d'aller
pisser avec luy pour luy dire, quand nous serons à table, sãs faire semblant, saisissez vous de tous les cousteaux, car vous cognoissez combien ie suis colere
& prompt: le bon cousin ne faillit pas de mettre to^s
les cousteaux sur son assiette, ce qu'ayant fait, le cen-
seur commença une harangue par Petit rustre, petit
carabin, enfant de vanité: là dessus il cotte toutes les
indescétes qu'il avoit remarquees depuis son entree,
comme de n'avoir couru au devant de son hoste
jusques au bout du bourg, au salut n'avoir tenu le
chappeau bas, à la reverence n'avoir porté la main
qu'à la jarretiere, n'avoir baisé que le bout du petit
doigt, troussé le coude en haud, tout fait par incar-
tade & avec vn souris hors de saison, là dessus force
injures; & puis sur la longueur d'alumer du feu &
l'attente du souper: Saugeon preparé par Ars ne respond que des excuses, & qu'il avoit esté esbloui par
la grandeur du Seigneur. Au coucher le Baron en-
tretint son cousin du beau commencement de re-
formation qu'il avoit des-ja obtenu sur son hoste,
lequel pour marque de sa repentance se renge au
train pour refformer les autres:là dessus ce livre conte vn beau voiage, comme il arresta les chasseurs,
comme on punit un page qui avoit persé son pot à

piſſé, ce qui ſe paſſa à la rencontre d'un equipage
plus bizare que le ſien, au Conſeil de Cherueux,
quand il fut adoré à Chef boutône: Ie ne vous ſçau-
rois dire le livre, mais il me ſouvient du dernier acte
que vous m'avez demandé. En fin tant chevauche-
rent qu'ils arriverent chez Riou beau-frere du cor-
recteur, où il ne trouva rien à redire ſur la reception:
mais ſur la minuit un eſpagueux s'eſtant mis à japper
& hurler, ce Seigneur à qui le dormir eſtoit cher,
fait ſauter Ars en place, Allez, luy dit il faire tout
preſentement aſſommer le chien, & eſtrangler le
Fauconnier de ceans, cela vaut fait, reſpond Ars, &
ayant un peu paſſé le temps avec Riou, il remonte
annoncer comment le chien eſtoit mort, & que le
fauconnier eſtoit mort ioyeuſement puis qu'il avoit
offenſé ſa Grandeur. Vraiment dit Canopſe, je m'en
repens: & cela me fait ſouvenir de ceux que le Pape
Sixte faiſoit mourir, & qui reſpondoit à ceux qui
demandoient remiſſion pour leurs parens, *Andate
confortatelo, à cioque mata alegramente yo limando la mia
benedictione.* Le malheur fut que quatre autres chiés
ſe mirent à japper au ſecond ſommeil: telle fut l'im-
patience du Seigneur, ou l'authorité qu'il avoit pri-
ſe à ſes premiers progrez qu'il prend vn baſton, de-
ſcen en chemiſe, s'en va tirer le rideau de ſon beau-
frere criant, ineptie, felonnie & carabinage ineffable:
mais ce n'eſt pas tout, car il commençoit la charge
quand Riou vint aux priſes, & ſa femme reſveillee
à grand peine, pource qu'elle eſtoit ſourde, vint au
ſecours de ſon mari, empoigne ſon beau frere par le
manche, luy quitte tout pour la ſaiſir à la gorge: Ars
& Riou ſe mettent à les deſprendre, ce qu'ils ne pou-
voient faire ſans le ſecours d'un ſeau d'eau: Ce duel

eſtant ſeparé, il n'y eut humilité ny repentance qui
put empeſcher le reformateur de marcher à la ven-
geance: Il ſe fait donc poſer dans ſa litiere, marche
droit à Pons, arrive au Chaſteau à ſoleil levant, ne
voulut pas qu'on advertiſt la Dame ſa couſine, qui
ſurpriſe en ſa chambre en ſe voulant habiller, fut
preſſee d'envoyer querir la juſtice: tout eſtant arrivé
le Baron ayant pris ſes lunettes & ordonné que ceux
qui en avoient beſoin les priſſent, ſaiſit d'une main
le Procureur fiſcal, & de l'autre la Dame avec ce lá-
gage, Vous comme Procureur de l'ancienne maiſon
& vous comme eſtant le tige feminin, je veux que
vous preſentiez à Iuſtice de vos deux mains vnies
enſemble, les parties nobles offenſees par enorme
contuſion, & que vous vous rendiez parties, pour
voir auiourd'huy torce & arracee la racine & l'or-
gane par lequel devoit pululer l'illuſtre germe de
Pons, produi par ſucceſſion immaculee depuis Pó-
pee juſqu'à nous. La Dame & le Procureur tiroient
leurs mains pour ne les appliquer pas en lieu hóteux
elle par ſes pleurs & le Iuge Colineau par raiſons, re-
monſtroient que ſans ceſte actuelle preſentatió, qui
vituperoit & vilipendoit les faces de la Dame & de
la Iuſtice, elle pourroit faire droit aux concluſions:
mais le Baron ayant ſaiſi un grand couteau Bayon-
nois qui pendoit lez la braguette de Colineau, le
porte aux gorges des refuſans, & les contraignit à
choſes eſtranges, au moiens en pleurant à deſcou-
vrir & faire exhibition: à la verité la piece eſtoit
moult livide & d'vn regard affreux: en fin les rieux
oſterent le coſteau: la lecture du procés & un oc-
cicrate appliqué adoucirent un peu la douleur & la
fureur. Voila comment fortune accourcit un beau

livre & un beau voyage, car il fallut gagner la maiſõ,
& enuoyer querir le medecin, qui à ſon arriuée n'ou
blia rien pour arreſter les humeurs fluantes, reſoudre l'abſez & conſoler les nerfs. La ſeconde nuit noſtre patient, qui n'en dormoit pas vne heure, ſe va
ſouuenir que ſon medecin eſtoit allé à la meſſe, pour
ce qu'il auoit moins de pratique eſtant Huguenot:
comment diſoit noſtre melancolique, ie veux tra-
uailler à la benediction de la lignee & i'ay employé
les mains d'un *nequam renegat apoſtaque*, car c'eſtoit
ſes term s:là deſſus, apres s'eſtre eſchauſſé en ſes pen-
ſees, il print ſa reſolution, il auoit en la ruelle de ſon
lit vn dard, duquel il tuoit des loches en ſon jardin,
il le prend en ſa main pour aller tuer le medecin, &
puis poliſſant ſon entrepriſe, il fait lever une vieille
horriblement maigre, luy fait allumer une chandelle
ſe fait ſuivre par elle en chemiſe & eſchevelee, ſans
luy bailler loiſir de cercher ſa coüeffe, & ayant deli-
beré de chãger d'armes, luy fait porter le dard aprés
ſoy: & voicy comment il s'eſquipa: il auoit ſur ſon
bras gauche d'un bout & de l'autre ſur l'eſpaule vne
grande Bible de Iean de Tournes ouverte ſur le 20.
d'Exode, porte en la droitte une eſpee nuë, & en cet
equipage marche au lit ou le medecin & Riclet eſtoient enſemble couchez: le medecin eſveillé en ſur-
ſaut eut encore plus de peur de la chambriere que
du maiſtre: s'eſcrie, ſi tu es de Dieu parle, ſi tu es de
l'autre vat'en: mais auſſi toſt il recognut ſon malade à la parolle, diſant, traitre au Supernel & à
ton ame, il convient que tu la rendes maintenant:
voila le medecin à mains iointes, demandant la vie
& pardon à Dieu & à Monſieur le Baron, proteſtât
que quand il devroit eſtre le plus pauvre medecin

du pays il feroit fa recognoiſſance dés le lendemain:
Calopſe cependant luy preſente tantoſt la Bible, tã-
toſt l'eſpee, douteux qui devoit operer le premier,
le glaive ſpirituel ou le temporel, mais le bras gauche
luy faiſant mal il mit l'eſpee ſur le pied du lict, prit la
Bible à deux mains & frappoit ſur la cervelle en éſtãt,
C'eſt pour t'inculquer ce que prononcent les ſain-
ctes pages : ſur ce mot avant ouy Riclet qui rioit, il
tourne là ſa fureur, Riclet, diſoit il heretique comme un rat, voicy ton heure poſterieure: comme il
courroit à l'eſpee, Riclet qui cognoiſſoit ſon maiſtre, prit ſa chemiſe entre les dents, eſcarquille les
ongles, & tournant les yeux en la teſte avec un
grand bruit, fit tomber de frayeur Monſieur le Baron à la renverſe, & luy, ſa chambriere, & Riclet le
premier, le medecin apres paſſerent ſur le ventre des
renverſez. Voila comment ſucceda le remede aux
deſordres de la France. F. Ientens vien bous boulez
dire que nous abons force medecins de l'Eſtat auſſi
propres à cela comme vn crucifix à jouer d'vn eſti-
flet: quand bous aurez lou liure ye bous donne ma
legitime & me l'embouie

A Dieu juſqu'au quatieſme.